KB274900

덜 갖는 삶에 대하여

덜 갖는 삶에 대하여

코이케 류노스케 지음 | 김슬기 옮김

유노
북스

얽매이지 않겠다는 생각에서도
자유로워져라

이 책을 쓴 지 벌써 15년이 훌쩍 지났습니다. 그 사이에 저에게도 이런저런 변화가 있었고, 돈을 쓰는 방식도 꽤 달라졌습니다. 이번에 이 책의 한국어판을 새로 내면서 책을 썼던 당시를 되돌아보며 반성하는 마음도 담고, 이것저것 덧붙여 두고 싶었습니다.

돈에 대해서 먼저 결론부터 말하겠습니다. 내 마음이 욕구 불만에 빠지지 않도록 원만하게 돈을 쓰기만 한다면 가지고 싶은 건 얼마든지 사도 좋다고 생각합니다. 욕구 불만에 빠지지만 않는다면 가지고 싶은 물건이 무의미하게 늘어날 일도 없고, 나에게 무엇이 필요하고 무엇이 필요 없는지 직감으로 알 수 있기 때문입니다.

가지고 싶으면 사고, 필요 없을 때 처분하면 된다

이 책을 썼던 당시를 떠올려 보면 '이렇게 살아야 한다' 같은 규칙이나 이념 같은 것이 앞서 있었던 것 같습니다. 구체적으로 예를 들자면, '가능한 한 돈에 얽매이고 싶지 않다'거나 '물건은 적으면 적을수록 좋다' 같은 생각들 말입니다. 하지만 이 생각들은 언뜻 그럴듯해 보이지만 사실은 매우 관념적입니다. 여기서 관념적이라는 말은 머리로 생각해 낸 규칙이 생활 속에서 잘난 척하며 주도권을 쥐고 있다는 의미입니다.

그러면 지금은 돈에 얽매이며 살거나 물건이 많으나

하면, 아직도 제 방은 비교적 휑하고 물건도 많지 않습니다. 그렇다고 해서 이 책을 썼을 때처럼 물건은 무조건 줄이려고 애쓰지도 않고, 대강 하고 싶은 대로 살고 있을 뿐입니다. 가지고 싶은 물건이 있으면 돈을 써서 부담 없이 사기도 하고, 필요가 없어지면 처분하고, 제 마음이 느끼는 대로 충실하게 살다 보면 제게 딱 맞는 균형을 잡을 수 있다고 생각합니다.

애당초 '돈에 얽매이지 말자'는 사고방식 자체가 이미 돈에 대해 너무 많은 생각을 하고 있음을 의미합니다. 무조건 물건을 줄이자는 사고방식도 오히려 물건에 얽매이는 것입니다. 돈을 덜 쓰면 덜 쓸수록 더 훌륭하다고 생각하거나, 물건이 적으면 적을수록 더 뛰어나다고 여기는 것은 사실은 더 훌륭한 사람이 되겠다는 마음으로 점수를 올리려는 것입니다. 동시에 그렇지 못한 타인에 대해 우월감을 느끼고자 하는 의도가 숨어 있죠.

이처럼 알아채기 어려운 숨은 우월감은 꽤 오만한 것

이죠. 이것은 마치 점수를 올리려고 죽어라 공부해서 점수가 오르면 기뻐하고, 점수가 낮은 사람을 깔보는 입시 마인드와 다를 바가 없어 보입니다. 그러한 태도에서 인간의 진정한 모습은 찾아볼 수 없습니다.

진정으로 자신의 마음을 잘 이해하면 진짜 원하는 것은 그리 많지 않습니다. 정말 가지고 싶은 것을 자신의 형편에 맞는 범위 내에서 사고 쓰면 그만입니다. 따라서 중요한 것은 내가 무엇을 원하고 무엇은 필요 없다고 느끼는지 내 마음속의 감정을 잘 이해하는 것이라고 생각합니다.

자기 자신을 잘 이해하려면 이념이니 이상이니 철학이니 사상이니 하는 모든 것은 다 방해가 될 뿐입니다. 머리로 생각해서 '이래야 한다' 같은 것을 먼저 정립하면, 몸으로 느끼는 솔직한 감정은 그 생각에 눌려서 안쪽으로 숨어 버리기 때문입니다. 머릿속 사상과 자연스러운 감정이 싸우면 사상이 이기고 감정이 죽어서 억압당하는 경우가 압도적으로 많다고 생각합니다. 이성이라는 건

힘이 아주 세기 때문이죠. 그러면 마음 깊은 곳에서 욕구 불만에 사로잡히게 됩니다.

그래서 이 책에는 사상이나 철학에 관한 이야기도 담겨 있지만, 그보다는 독자 여러분이 사실은 무엇을 하고 싶은지, 무엇을 싫어하는지, 무엇이 가지고 싶은지, 무엇이 필요 없는지 같은 것들에 대해 지금까지보다 더 솔직해지는 것이 더 중요하다고 생각합니다.

이 책에 등장하는 사상이나 철학도 여러분의 솔직한 마음에 방해가 될 때가 있으리라 생각합니다. 또 여러분이 자라 오면서 사회로부터 주입받은 사상이나 다양한 책을 읽고 스스로 믿게 된 사상들도 방해가 될지 모릅니다. 따라서 그것들은 일단 괄호 안에 넣어 두고, 시험 삼아 여러분이 진짜로 무엇을 하고 싶은지를 느껴 보고, 하고 싶은 대로 해 보면 어떨까요?

이때 마음이 억눌리거나 스스로 참고 있다는 느낌이 들지 않는다면 충분한 만족감을 느낄 수 있으리라 생각합니다. 만족감만 느끼면 '이것도 가지고 싶고 저것도 가지고 싶다'는 금전적 욕심이나 물욕이 불필요하게 커지는 일은 없을 것입니다.

사상이나 철학으로 자신을 억제하려고 하기보다 인간으로서 본래 가지고 있는 자연스러운 감각을 깨워 주기만 한다면 균형 잡힌 돈과의 관계를 저절로 손에 넣을 수 있습니다. 그 감각은 우리가 진정으로 나로 살아간다는 자신감이 생기면 저절로 나타나는 것이기 때문에 그에 대해 고상해 보이는 사상을 설파하는 건 의미가 없다고 생각합니다.

돈에 대해 지나치게 생각하지 않는다

부유함이나 청빈함 같은 것도 본질적으로는 큰 의미가 없는 사고방식이고, 이러한 사고방식 때문에 돈을 너무 의식하다 보니 자연스러운 균형에서 벗어나는 것입니다.

정말 중요한 것은 자연스러운 자유입니다. 부유하다거나 청빈하다는 것은 돈을 너무 신경 쓰다가 나온 추상적인 생각에 불과하죠.

돈이라는 건 물건을 교환하기 위한 편리한 도구에 불과하기 때문에 많으면 많은 대로 편리하게 쓰면 되고, 없으면 없는 대로 자신이 가진 범위 안에서 편하게 쓰면 된다는 말입니다. 자신의 형편에 맞게 쓰면 되는 것이죠.

예를 들어, 몇 년 전에는 꽤 여유가 있어서 비싼 호텔에 아무렇지 않게 묵었지만, 지금은 그때보다 돈이 많지 않기 때문에 비싼 호텔은 잘 선택하지 않습니다. 그러나 그렇다고 해서 저의 행복도가 특별히 달라지진 않습니다. '깨끗하고 기분이 좋다'는 것이 덤으로 있으면 좋겠지만, 그 즐거움은 어디까지나 보너스 같은 것입니다. 그 '기분 좋음'이라는 보너스가 사라진다고 해도 자신이 자유롭게 살 수 있는 기반이 있는 한 본질적인 부분은 아무것도 변하지 않기 때문입니다.

다시 돈이 충분히 있는 상황이 온다면 이전처럼 더 비

싼 물건을 쓸지도 모르고, 지금 정도의 경제 상태가 계속 된다면 호텔비는 10만 원에서 20만 원 정도가 딱 좋을 것 입니다. 만약 돈이 더 줄어든다면 호텔비를 6만 원 정도 로 줄이면 되고, 3만 원 정도 하는 도미토리에 묵거나 혹 은 아예 호텔을 이용하지 않을 수도 있습니다.

본문에서는 전기 요금이나 가스 요금도 거의 쓰지 않 고, 되도록 돈을 쓰지 않고 모든 걸 스스로 해결하라고 말 했던 것 같습니다. 하지만 이러한 집착도 좀 딱딱한 느낌 이 있습니다. 그때나 지금이나 전기나 가스 요금이 얼마 나 나왔는지 확인하는 일은 거의 없지만, 얼마 전만 해도 둘 다 대략 10만 원 정도가 나왔습니다.

여자 친구가 있을 때가 그 정도였고, 헤어지고 나서는 에어컨 사용 시간이나 목욕물 사용량이 절반으로 줄어서 지금은 10만 원이 안 듭니다. 어쨌든 제 느낌에 따라 여 름에는 더우면 에어컨을 켜고, 겨울에는 추우면 난방을 켜는 식으로 하고 싶은 대로 하고 있습니다. 그냥 내가 하고 싶은 대로 하면 된다고 생각합니다.

외식을 하는 경우도 꽤 많고 그만큼 돈이 듭니다. 음식이라는 것은 사실 논리를 늘어놓기에 가장 어울리지 않는 분야입니다. 자유롭게 행동할 수 있게 된 후로 저는 뭐든지 가리지 않고 먹게 되었습니다. 체인점 햄버거, 감자칩, 카레, 라면, 만두, 돈가스, 불고기, 과일 그래놀라, 콘플레이크 그리고 유기농이든 농약을 사용한 것이든 상관없이 뭐든지 다 먹습니다.

이것도 자유에 맡기면 하루에 두세 번 배가 고프고 먹고 싶을 때 먹으면 되고, 배가 부르기 전에 자연스럽게 '이제 더는 필요 없다'는 감각이 찾아오면 그때 식사를 마치면 됩니다. 자유롭고 자연스러운 식사 생활을 하면 과식을 해서 곤란해지는 일은 절대 생기지 않습니다.

음식에 관해서 지금 제게는 아무런 철학도 신념도 없지만, 내장은 아주 건강하고 근육들도 부드러워서 건강에 집착할 필요는 없다는 것을 잘 알고 있습니다.

음식은 먹고 싶은 것을 먹으면 되고, 음식에 대해서도

'이래야 한다'거나 '이러한 식사법이 건강하다'며 거창한 사상을 만들 필요는 전혀 없습니다. '~해야 한다'는 표면에 자신의 상태를 맞춰 봐야 마음 깊은 곳에는 '~해야 한다'와는 어긋나는 당신의 본심이 '~해야 한다'에 억눌려 눈에 보이지 않는 고통이 늘어나기 때문입니다.

그전에는 오랫동안 채식주의자로 지내서 스스로를 얽매는 데 의문을 느끼며, 처음으로 고기나 생선을 먹을 때는 조심스러웠습니다. 하지만 뭐든지 가리지 않고 먹기 시작했더니 얽혀 있던 마음이 풀어지면서 편안함을 느꼈던 기억이 떠오릅니다.

그런데 마음대로 해도 된다고 해도 스스로를 알 수 없게 만드는 행동은 피해야 합니다. 취할 때까지 술을 마시거나 마약을 하면 사고가 엉망이 되어 자신의 기분이 어떤지 알 수 없게 됩니다. 자신이 지금 무엇을 하고 싶은지 알 수 없게 되면 애초에 그 자체로 자유롭지 않은 것입니다. 그러니까 술을 취할 정도로 마시거나 마약을 하는 것은 피해야 합니다.

지금 이 글은 근처 카페에서 쓰고 있습니다. 이 카페에서 시간을 보내기 위해서도 7,000원 정도 돈이 필요합니다. 1시간 반 정도가 지나면 자리를 비워 달라고 적혀 있기 때문에 중간에 다른 카페로 옮겨서 글을 쓰고 있는데, 여기서 또다시 7,000원 정도가 들었습니다.

돈을 쓰지 않게 집에서 써야 한다고는 전혀 생각하지 않습니다. 집에서 하고 싶은 기분이 들 때는 집에서 하면 되고, 밖에서 하고 싶은 기분이 든다면 그 감정을 무시하지 말고 자연스럽게 흘러서 활동할 수 있게 해 주는 것이 중요합니다.

자연스럽게 솟아나는 에너지로서의 기분을 생각이나 사상으로 막아서는 안 된다는 말입니다. 돈이 든다면 돈을 쓰면 되고, 우연히 돈이 들지 않는 활동이라면 우연히 돈이 들지 않을 뿐이죠. '돈이 드는지의 여부'를 지나치게 중요시하는 것은 삶에 방해가 된다고 생각합니다.

적당히 마음에 든다면
그것만으로도 괜찮다

이 책에 '가장 마음에 드는 것을 구입해서 오랫동안 소중히 써야 한다' 같은 이야기를 썼습니다. 하지만 사실 '~해야 한다'도 존재하지 않습니다. 지금의 저는 필요한 것이 있으면 가까이에서 바로 눈에 띄는 것 중 비교적 마음에 드는 것을 사는 정도로 충분하고, 반드시 최고로 마음에 드는 좋은 물건을 고집하지는 않습니다.

옷을 살 때도 동네 쇼핑몰의 처음 들어간 가게에서 눈에 띈 것 중 마음에 드는 걸 바로 사기 때문에 대개는 1분에서 2분 안에 끝납니다. 더 좋은 걸 찾아서 이 가게 저 가게 돌아다니는 일은 거의 없습니다. 제가 자주 방문하는 가게에서는 똑같은 옷이 3만 원 정도일 때도 있고, 제일 비쌀 때는 20만 원 정도일 때도 있는데 그 정도 범위라면 가격은 특별히 신경 쓰지 않고 구매합니다.

여름에는 바지에 상의는 탱크톱 한 장만 입는 경우가 많은데요. 탱크톱은 아마존에서 2만원에서 4만 원 정도

하는 것을 사 입습니다. 면 소재를 좋아해서 '흰색 면 탱크톱', '줄무늬 면 탱크톱'이라고 검색해서 나오는 것을 대충 구매합니다.

제가 대충 산다고는 말했지만, 사실 마음에 들지 않는 걸 대충 사서 참고 입으면 마음에 상처를 줄 수 있기 때문에 추천하지 않습니다. 어디까지나 마음에 드는 범위 내에서 대충 사도 괜찮다는 말입니다. 물건을 살 때 '이래야 한다'거나 하는 이상적인 기준이나 근사해 보이는 사상이나 철학 같은 게 있으면 마음이 자유롭게 움직일 수 없게 되니 그냥 하고 싶은 대로 하면 됩니다.

참고로, 지금 제가 가지고 있는 옷들을 리스트로 정리해 보면 대략 다음과 같습니다. 탱크톱이 5장, 티셔츠 2장, 긴팔 셔츠 3장, 바지 2벌, 타이츠 2벌, 속옷 2벌, 얇은 코트 2벌, 일본식 유카타 2벌이 전부입니다. 작은 상자 2개에 다 들어가는 양입니다. 다시 말해서, 하고 싶은 대로 자유롭게 지내더라도 소유물이 늘어나서 넘쳐나거나 집이 어수선해지거나 하진 않는다는 말입니다.

예전보다 물건이 늘었다고는 해도, 그렇게 과하게 많아진 것은 아닙니다. 중요한 건 '물건을 줄여야 한다'고 전혀 의식하지 않고 그냥 가지고 싶은 건 다 갖춰도, 결국 자신의 본심에 충실하다 보면 본심이라는 건 사실 그리 대단한 걸 필요로 하지 않는다는 점입니다.

이성을 앞세우거나 '~해야 한다'는 생각 때문에 본심을 잃고, 자연스러운 마음을 억누른 탓에 욕구 불만에 빠지고, 그 욕구 불만 때문에 지나친 돈 욕심이나 물욕이 부풀어 오르는 것입니다.

그래서 저는 어렵게 생각하지 말고 그냥 좋아하는 걸 사면 된다고 생각합니다. 물론 그보다 먼저 자기의 진짜 마음을 제대로 느낄 수 있어야 합니다. 그렇지 않으면 좋아한다고 착각할 뿐 사실은 별로 좋아하지도 않는 물건들을 잔뜩 사들이게 될 것입니다.

그 외에 늘어난 소유물이라고 하면 요즘은 음악을 연주하면서 제 생각을 노래로 표현하는 재미에 빠져서 기타나 키보드 같은 음악 장비들을 충분히 갖추게 되었습니다. 책은 거의 읽지 않게 되어서 지금은 음악 관련 서적 4권만 가지고 있는데, 오히려 예전보다 훨씬 줄어든 셈입니다. 소유물에서 크게 달라진 건 그 정도이고 그 외의 물건의 수나 양은 예전과 크게 다르지 않은 듯합니다. 달라진 점이라고 하면 규율이나 규칙, 이상 같은 게 사라지고 제 마음이 자유롭게 살아 움직일 수 있게 되었다는 점입니다.

틀에 갇히지 않으려는 마음이 중요하다

지금의 저는 불교라는 틀 밖에 나와 있습니다. 7년 전쯤 노숙을 하며 명상을 통한 진리 탐구 여행을 떠났는데, 그 방랑의 길 위에서 명상이 잘 되지 않아서 좌절감을 느끼며 돌아왔습니다. 그때 저는 승려라는 신분을 내려놓았고, 그 이후에도 줄곧 명상 수행만을 계속해 왔습니다.

그리고 그로부터 약 1년 반 뒤, 어느 가을날 명상 중에 저는 '명상'이라는 한계를 뚫고, 제가 '자유#(자유 샤프)'라고 부르는 것을 직접 체험했습니다. 그 순간, 오랫동안 이어 온 진리 탐구 여정이 마침내 끝났다고 느꼈습니다.

'자유#'을 한마디로 표현하자면, 지금 제가 이렇게 글을 쓰고 있는 이 마음도, 떠오르는 생각도, 자유롭게 활동할 수 있게 해 주는 너그러움과 안도감 같은 것입니다. 그 이후로는 늘 그 자유를 느끼면서 살아갈 수 있어서 무엇을 하든 자유롭게 놀이를 하듯 마음이 활짝 피어나는 듯했고, 제 안에서 그동안 억눌러 왔던 마음들도 마음껏 활동할 수 있게 되었습니다. 그러한 자유로운 안도감 속에서 지내다 보니 감각이 점점 풀려나면서 변해 가서 참 흥미롭게 느껴집니다.

제가 '자유#'이라고 부르며 많은 사람에게 전하고 있는 이 체험은 불교 안에서 보면 옛 중국 선종의 임제(臨濟) 스님이 체득했던 것과 같은 것입니다. 하지만 아무리 생각해도 원시 불교에서 부처가 설파했던 불교의 본류 교리와는 잘 맞지 않는다고 생각해요.

그래서 임제 스님이 불교 승려였다는 사실이 다소 의아하게 느껴집니다. 애초에 불교에 맞지 않기 때문에 그도 승려를 그만둬도 괜찮지 않았을까 싶기도 합니다. 아니, 꼭 그만두지 않았더라도 그건 그것대로 자유이긴 하지만 말입니다.

그때 이후로 제 삶은 자유분방해졌습니다. 제가 느끼는 것과 하고 싶은 것 그리고 하고 싶지 않은 것들이 모두 자유라는 넓은 터전에서 마음껏 움직이게 되었기 때문입니다. 이처럼 자유라는 관점에서 보면 원시 불교의 영향을 짙게 받아서 '이래야만 한다', '이렇게 해서는 안 된다'고 잔뜩 적어 놓은 본문 내용은 그대로 권할 만한 것은 아니라고 느껴집니다.

물론 본문 중에 여러분에게 도움이 될 만한 내용이 분명 있을 것입니다. 만약 도움이 된다고 느껴지면 받아들여도 좋지만, 그 안에는 다른 사람의 자유를 빼앗는 딱딱한 내용도 포함되어 있으니 주의해 주시기 바랍니다.

이 책의 내용에서 힌트를 얻어 사실은 필요하지 않은데도 '아깝다'는 생각 때문에 버리지 못하는 물건을 정리할 수 있다면, 여러분의 진짜 마음을 더 잘 알아차릴 수 있으리라 생각합니다. 그러한 점에서는 분명 도움이 되겠지만, 책의 내용을 있는 그대로 다 받아들이고 미니멀리즘 같은 갑갑한 생활을 보내지 않으셨으면 합니다.

이 자리를 빌려 미니멀리즘의 문제점을 확실히 짚어두려 합니다. 이러한 '~이즘(ism)' 같은 것들은 모두 결국 자유와는 잘 맞지 않습니다. 지금까지 몇 번인가 상담을 하면서, 자신은 적은 물건만 소유하며 생활하는데 가족이나 연인이 너무 많은 물건을 가지고 있어서 짜증이 난다거나, 상대방도 물건을 버리게 하려면 어떻게 해야 하느냐는 이야기를 들은 적이 있습니다. 그런데 그건 사실 미니멀리즘에 빠져들지만 않았어도 굳이 느끼지 않아도 됐을 불필요한 스트레스입니다.

설령 스트레스가 없다고 해도 '물건이 늘어난다'는 사

실에 마음이 너무 적대적으로 기울다 보니, 어떤 면에서는 이러한 삶의 방식이나 인생철학 때문에 본래는 느끼지 않았을 적대감이 커지고, 쓸데없이 자존심만 높아지는 면이 있는 것이죠.

이 책을 처음 쓸 무렵의 저 역시 물건을 극단적으로 줄이고, 거기서 오는 쾌적함에 빠져 있었습니다. 그래서 물건이 많은 사람들을 은근히 깔보았던 것 같습니다. 그런데 그러한 태도는 자연이나 자유가 지닌 느긋함과는 전혀 다릅니다.

그래서 미니멀리즘이나 청빈 같은 것보다도 지금 제가 이 후기에 쓴 내용이 훨씬 더 중요하다고 생각합니다. 이전 책의 내용보다 관점이 더욱 자유로워져 15년이 지나 후기를 남깁니다. 돈과 물건은 자연스럽게, 물 흐르듯이 마음 가는 대로 쓰면 된다고 생각합니다. 그것이 돈과 물건에 대해 가장 가볍고 얽매이지 않은 상태입니다.

혹시 이러한 '자유'에 관심이 있다면 일본 가나가와현 가마쿠라시의 도장에서 자유의 실천이나 희로애락을 자유롭게 풀어내는 춤 수업도 하고 있으니 참가해 주세요.

마지막으로, 물건과 돈에 관한 이 책이 한국어판으로 나온다고 하니 제가 사용 중인 한국 제품 몇 가지가 떠오릅니다. Dr. Hows라는 브랜드의 밝은 노란색 휴대용 가스레인지는 색감이 귀엽고 디자인도 멋집니다. 하늘색 작은 법랑 냄비도 깔끔하고 세련된 느낌이라 좋아합니다. 그리고 JBL의 Flip7이라는 흰색 휴대용 스피커도 사용 중인데, 크기는 작지만 음량도 크고 음질도 좋습니다. 한국 독자 여러분에게 "이렇게 멋진 도구들, 고맙습니다"라고 전하며 이 후기를 마칩니다.

돈과 물건에
구애받지 않는 삶을 살다

이 책의 서두에서 저의 생활에 대해 간단히 소개하려
합니다. 경제적 여유의 유무와 별개로 가능한 한 돈을 쓰
지 않고, 소유물을 줄이고, 돈으로부터 자유로운 삶을 살
고자 노력한 결과입니다.

먼저 집입니다. 최근까지만 해도 제가 생활하던 곳이
자 '절'이라고 불리는 곳은 도쿄 세타가야구 고토쿠지 근
처의 철길 옆 주택가에 위치한 유리 가게 안쪽에 있는 빌

라였습니다. 쇼와 30년대(1955~1964)에 지어진 매우 고풍스러운 구조에 아주 작은 방 2개가 딸린 목조 건물로, 저는 주로 한 평 남짓한 더 작은 쪽 방에서 잠을 잤습니다.

지낼 곳을 찾던 당시, 낡은 목재와 대나무 무늬가 들어간 유리창 등 이 방이 지닌 쇼와 시대 특유의 정취가 마음에 들어서 주저 없이 이곳을 택했습니다. 거주하는 데 돈이 들지 않아야 하고 돈에 휘둘리지 않는 것이 가장 중요한 기준이었습니다. 그래서 화장실은 있었지만 욕조는 없었고, 변기는 현대인이 그다지 선호하지 않는 재래식 변기였습니다.

저녁 무렵이 되어야만 석양빛이 비치는 볕이 잘 들지 않는 방이었으나 다행히도 세 평 정도의 작은 정원이 딸려 있었습니다. 여름에는 그곳에 드럼통을 두고 호스로 수돗물을 받아 물을 끼얹어 목욕을 대신하고는 했습니다. 월세는 45만 원 정도였습니다.

다음으로 소지품을 살펴보겠습니다. 집에 방문한 손

님들은 제가 가진 물건이 너무 적어서 텅 비어 있다시피 한 방을 보고 종종 놀라움을 감추지 못합니다. 주된 소지품이라면 식탁 겸 책상으로 사용하는 접이식 테이블 하나 그리고 불경 몇 권과 필기도구, 벽시계, 요리를 위한 가스버너와 식기, 냄비 그리고 일본식 절임인 누카즈케용 통이 전부입니다. 저는 약 5년 전부터 누카즈케를 직접 만들어 먹기 위해 쌀겨에 소금을 섞어 삭히는 누카도코를 키우고 있습니다.

옷은 승려가 입는 법의와 기모노 두 벌이 있습니다. 양복은 웬만하면 입지 않지만, 꼭 입어야 할 상황을 대비해 한 벌 가지고 있습니다. 사실 그마저도 대학 때 입던 것입니다.

가전제품은 가능한 한 최소한으로 줄이려 하고 있는데요. 빵이나 쿠키를 굽기 위한 오븐과 식재료를 보관하기 위한 냉장고가 있습니다. 냉장고가 없는 생활을 약 반년간 시도해 본 적이 있었는데, 솔직히 말해서 꽤나 고생을 했습니다. 그 외에는 전등과 컴퓨터도 있습니다. 컴퓨터는 웹 사이트를 갱신할 때 꼭 필요하지만, 휴대 전화는 가능하면 없애고 싶다고 생각하면서도 계속 사용했습니다. 하지만 이 책을 마지막으로 손보던 중 어떤 계기로 결국 휴대 전화도 처분했습니다.

제 기억이 틀리지 않다면 제가 가진 물건 중 전기로 작동하는 것은 더 없습니다. 그래서 한 달 전기세로는 8,000원에서 9,000원 정도가 나옵니다. 기본 요금이 약 4,500원 정도이니 실제로는 2,000원에서 3,000원 정도의 전기를 사용하는 셈입니다.

그 밖의 소지품이라면 이동용 자전거와 오래된 석유난로도 있습니다. 여름철 더위는 잘 견디지만, 체형이 마른 탓에 겨울철 추위에는 그다지 강하지 않아 겨울에는 등유값이 듭니다.

자세한 내용은 뒤에서 설명하겠지만, 지는 어떤 물건이든 오랫동안 아끼며 사용하는 것을 전제로, 디자인과 소재가 좋은 물건을 구입하려 합니다. 가격이 조금 비싸

더라도 개의치 않고 구매합니다. 그래야 궁상맞아 보이
지 않기 때문이죠.

옷은 승복밖에 없지만
유기농 채소를 먹는다

자, 제가 가진 물건은 지금까지 말씀드린 것이 거의 전
부입니다. 이번에는 제가 돈을 어떻게 쓰는지에 대해 설
명해 보겠습니다.

전기세와 겨울철 등유비 외에 가스비는 한 달에 2만 원
에서 3만 원 정도 나옵니다. 하루 두 끼 식사를 매일 직접
요리하고, 질냄비로 밥을 짓기 때문에 그만큼은 사용하
는 셈입니다. 수도세는 한 달에 1만 원 정도가 나옵니다.
욕조도 세탁기도 없으니 물은 요리에 사용하는 게 전부
인 셈입니다.
빨래는 애초에 승복밖에 입지 않고, 기름진 음식을 먹

지 않아 땀도 잘 흘리지 않으니 더러워질 일이 없어 사나흘에 한 번 정도로 충분합니다. 여름에는 정원에 있는 드럼통에서 샤워를 할 때 손빨래를 하고, 겨울에는 목욕탕에 가서 코인 세탁소를 이용합니다. 목욕탕과 코인 세탁소 이용료는 대략 4,500원 정도로 비슷합니다.

지출에서 가장 큰 비중을 차지하는 것은 아무래도 식비입니다. 다소 사치스러울지도 모르지만, 유기농 식품 매장에서 매달 유기농 쌀과 채소, 조미료 등을 구매하는 데 15만 원에서 25만 원 정도를 사용합니다. 유기농 식품은 일반 식품보다 20퍼센트 이상 비싸고, 품목에 따라서는 두 배 이상 비싸지만 고기와 생선을 먹지 않기 때문에 이 정도 금액으로 감당할 수 있습니다.

그 외에는 통신비가 있습니다. 휴대 전화를 없앴지만 인터넷 사용료는 듭니다. 인터넷을 통해 정보를 발신하기 때문에 이것만큼은 줄일 수 없습니다. 지금까지 언급한 것 외에 사용하는 돈이라면 교통비와 여가비, 교제비 정도일 것입니다.

현대의 자극적인 오락을 멀리한 후로 놀이라고 해 봐야 공원이나 카페에 가는 것이 고작입니다. 원고를 쓰거나 친구를 만날 때 가끔 카페나 공원에 가고, 집과 조금 떨어진 곳에 있는 목욕탕에 가는 정도입니다. 여행은 예전에 1박 2일로 다녀온 이즈나가오카 온천 여행이 좋은 기억으로 남아 있는데, 그 이후에는 아직 여행을 간 적이 없습니다.

취미라 해 봐야 이 정도이고, 여기에 드는 돈은 월 평균 4만 원에서 5만 원 정도입니다. CD나 책도 사지 않기 때문에 그 이상의 지출은 없습니다. 이렇게 책을 쓰고 있으면서 정작 저는 책을 사지 않는다는 게 민망하지만 학창 시절에는 정말이지 책에 파묻혀 지냈습니다.

또한 최근에는 명상을 하며 마음속에 새긴 과거의 다양한 정보를 읽어 내는 형태의 독서를 하는 것이 일상이 되었습니다. 다시 말해서 지금의 저는 마음속에 있는 방대한 양의 책을 들춰 보며 사람의 마음의 구조와 제 과거를 풀어 나가는 방식의 독서에 몰두하는 시기라고 생각합니다.

이렇게 현재 제가 매달 지출하는 돈은 약 50만 원 정도입니다. 이전에 내던 월세를 포함하더라도 월 100만 원에 못 미칩니다.

스님이라서
가능한 삶이 아니다

그러면 수입은 어떨까요? '좌선 세션'이라고 이름 붙인 좌선 모임에서 시주함에 넣어 주시는 돈이 의외로 많아서 월 150만 원 정도 됩니다. 여기에 각종 강좌에 초대받아 진행하는 수업이나 강연에 대한 사례비가 100만 원이 넘기 때문에 충분히 쓰고도 남는 수입을 얻고 있습니다.

쓰고도 남는 돈은 이렇게 책을 써서 버는 인세와 함께 그동안 방치했었는데, 문득 확인해 보니 꽤 많이 쌓여 있었습니다. 그 덕분에 좌선 모임을 위한 공간을 만들고 싶다는 오랜 바람을 이루었고, 자그마한 공간을 매입했습니다. 본래 건축 사무소가 창고로 쓰던 건물이었기 때문에 아마 여러분이 상상하는 것과는 크게 다른 저렴한 매물이지만, 지금 살고 있는 빌라보다 훨씬 더 많은 분이 찾아오실 수 있게 되었고, 매달 월세를 낼 필요도 없어졌습니다.

그래서 미래에 대한 불안감을 느끼지는 않습니다. 한 달에 50만 원만 있으면 넉넉하게 살아갈 수 있다는 믿음이 있기 때문입니다. 50만 원만 있어도 평상시에 가격표도 보지 않고 사고 싶은 건 뭐든 사면서 살아가고 있습니다. 물론 사고 싶은 게 거의 없기 때문이기도 하죠.

'경제가 무너져 돈과 일자리를 전부 잃으면 어떡하지?'

이러한 생각은 돈이 있든 없든 현재 많은 사람이 잠재적으로 가지고 있는 '불안'이 아닐까요? 노후에 나를 돌봐줄 사람이 없을 수도 있고, 어쩌면 결혼도 못 할 수도 있죠. 그러면 혼자 요양원에 들어가 10년 정도 지내야 하는

데 그때 필요한 돈을 마련하려면 지금부터 적어도 얼마만큼은 저축을 해 둬야겠다고 생각하는 젊은 사람들이 늘고 있다고 합니다.

하지만 저는 만약 그러한 상황이 닥쳐 나라가 힘들어지면 재빨리 근처의 땅을 일궈 밭이라도 만들어야겠다고 생각합니다. 만에 하나 궁지에 몰린다 하더라도 조금만 절약하면 더 적은 돈으로도 충분히 여유롭게 살아갈 수 있을 거라고 생각합니다.

마음에 여유가 있는 한 돈으로부터 자유로운 삶을 살 수 있습니다. 돈이 있든 없든 충만하고 행복하게 살 수 있죠. 돈의 유무를 떠나 잘 살 수 있고, 분수에 맞는 생활을 할 수 있다는 마음가짐이 흔들림 없는 평정심과 차분함을 길러 줍니다.

다만, 제가 이렇게 말하면 다음처럼 말하는 분도 계실지 모릅니다.

"그야 당신은 스님이니까 그럴 수 있겠지."

하지만 솔직히 말씀드리자면 제 또래의 평범한 젊은 승려들은 개인적인 시간을 보낼 때 동세대의 젊은이들과 똑같은 옷을 입고, 비슷한 생활을 하고 있습니다.

게다가 주지 스님쯤 되면 아마 보통의 직장인보다 훨씬 경제적으로 여유 있는 생활을 하는 경우가 대부분입니다. 고급 승용차를 두 대 정도 보유하는 건 드문 일이 아니고 보통의 사람들보다 미식을 더 많이 즐기며 음식이 맛있네, 맛없네 평가하며 이런저런 불평도 잘합니다.

다시 말해서 저의 생활 패턴이 승려라서 가능한 것도 아니고, 승려가 아니라서 불가능한 것도 아니라는 말입니다.

그것은 마치 '가난하지만 마음이 풍요로워 보이는' 환상으로 뒤덮인 '여기가 아닌 어딘가', 이를테면 부탄이나 티베트, 동남아시아 같은 곳에 가야만 행복해질 수 있는 게 아니라 부탄이든 일본이든 그 어느 곳에 있든 행복은 스스로 만들어 갈 수 있다는 말과도 비슷합니다. 환경이나 타인, 돈에 의존하지 않고 스스로가 평온하고 행복하게 지내기 위해 얼마만큼 노력하느냐에 달려 있을 뿐입니다. 노력만 한다면 누구나 자유롭게 실현할 수 있는 일입니다.

자랑이 목적인 물건은 사지 않는다

다음과 같은 고민 때문에 고통을 겪고 있는 분들이 많을 것입니다.

"일정한 직업이 없어서 월 수입이 120원에서 130만 원밖에 되지 않아요."
"가지고 싶은 건 많은데 사지를 못해요."
"지금 사는 집도 마음에 안 들어요."

하지만 그것은 집이나 소유물 자체에서 오는 고통이 아니라 만족할 수 없는 집에는 사람을 초대할 수 없고 친구들에게 자랑할 수 없어서 생기는 고통입니다.

'나는 다른 사람들한테 어떻게 보일까?'
'나를 어떤 식으로 보여 줄까?'

이러한 생각에서 비롯된 고통입니다.
나아가, 그보다 훨씬 큰 문제는 '나를 나에게 어떻게 보여 줄 것인가?' 하는 고통입니다.

'이곳에서 살다 보면 나라는 사람의 가치가 떨어질 거야.'

자기 평가 때문에 괴로워하고 있는 것입니다. 만약 이 생각에서 자유로워진다면 어떻게 될까요? 한 번쯤 시도해 볼 만한 가치가 있는 일이 아닐까요? 물건을 줄여 보는 것. 설령 수입이 충분하더라도 일부러 돈을 쓰지 않고 돈에서 자유로워지는 방향으로 살아 보는 것. 그리고 그것이 얼마나 마음 편하고 기분 좋은 일인지, 사실은 '없는 것'이 얼마나 기분 좋은 경험이 될 수 있는지 한번 체험해 보시길 바랍니다.

실제로 우리는 돈을 쓰는 일에 휘둘려 삶을 살아가는데 지쳐 있습니다. 돈에 휘둘리는 마음을 이겨 낼 수 있다는 자기 제어감. 돈 중심의 세상에서 돈에 휘둘리지 않고 한 발 물러나 살아가는 삶에 대한 자부심. 이 책은 그러한 상쾌한 기분을 전하고 싶은 마음을 담아 썼습니다.

한번 시험해 본 다음 깨달았다면 그걸로 된 겁니다.

'아, 그렇구나. 한 달에 50만 원만 있어도 살 수 있겠네.'
'70만 원만 있으면 충분하겠어.'

'나는 이러한 일은 하고 싶지 않아' 같은 생각만 버리면 누구나 그 정도의 수입은 충분히 벌 수 있기 때문에 사실은 누구나 우아하게 생활할 수 있습니다. 그 정도만 있으면 그리고 이미 가지고 있는 물건과 가지고 싶은 물건의 개수를 줄이기만 하면 가지고 싶은 것을 모두 손에 넣을 수 있습니다.

보통 사람들은 가지고 싶은 물건의 목록이 A, B, C, D, E, F … Z까지 쭉 이어집니다. 그래서 늘 "아, 돈이 부족해" 하고 한숨을 내쉽니다. 그러다 보니 아침부터 밤까지 돈 생각만 하게 됩니다. 그렇게 받은 스트레스는 우리에게 고통을 안겨 줍니다. 돈에 벌벌 떠는 마음이 우리의 자긍심에 흠집을 내는 것입니다.

하지만 가지고 싶다는 욕망이 움츠러들면 애초에 가지고 싶은 것도 줄기 때문에 그걸 몽땅 다 사더라도 자연스럽게 돈이 남습니다. 돈이 남으니 저축도 할 수 있습니다. 저도 가지고 싶은 마음이 들면 사지만 그 욕망 자체가 크지 않기 때문에 몇 십만 원 내에서 충분히 해결할 수 있는 것입니다.

여기서 중요한 점은 돈에 대해 고민하지 않아도 된다는 것입니다. 돈 걱정을 하지 않아도 되는 행복감인 것이죠. 부자가 되어 가격을 신경 쓰지 않고 물건을 사고 싶다는 생각이 들지도 모르지만, 마음 다스리기를 게을리하면 가진 것이 많을수록 오히려 돈에 대해 끊임없이 생각하게 되어 '돈 중독'에 빠지기 쉬운 법입니다.

돈이 있어도, 아니 오히려 돈이 있기 때문에 더더욱 '아, 이걸 사면 돈이 줄겠지', '줄어드는 건 싫은데', '내가 손해 보고 있는 것은 아닐까' 하고 생각하게 됩니다. 그렇게 쩨쩨하게 구는 마음이야말로 우리를 행복에서 멀어지게 하는데도 말이죠.

돈으로 살 수 없는 행복을 경험하다

앞서 언급했듯이 돈 걱정을 하지 않아도 된다는 것은 곧 아주 커다란 행복이기도 합니다. 결론부터 말하자면 그것은 욕망을 제어할 수 있다는 말이고 이 책의 진정한 주제이기도 합니다. 그리고 그것은 제 자신의 주제이기도 했습니다. 지금이야 이러한 삶을 살며 다른 사람에게도 저와 같은 삶을 권하고 있지만, 불과 10년 전인 대학 시절에 저 역시 자본주의 사회에서 평범한 삶, 즉 욕망에 지배당하는 삶을 살았습니다.

특히나 저는 옷을 정말 좋아했습니다. 나약한 제 자신을 마치 갑옷으로 무장하듯 그때그때 유행하는 옷을 입어서 '나는 남들과는 좀 다르다'는 걸 주장하고 싶었던 것 같습니다. 사실 갚지 않아도 되는 장학금과 과외 아르바이트비 덕분에 학생치고는 꽤 많은 돈을 벌었지만, 그 대부분은 옷장을 가득 메운 수많은 옷으로 바뀌어 있었죠.

옷을 사도 사도 늘 부족함을 느껴 계속 사들였습니다. 그리고 쇼핑을 할 때면 '이게 나을까, 저게 나을까' 끝없이 고민하다가 막상 하나를 택하면 '아무래도 저걸 살 걸 그랬나' 하는 생각에 마음속은 늘 잡음으로 가득했습니다.

쇼핑 후에 결국 녹초가 되어 버려도 제 마음은 그 피로

감이라는 자극을 쾌감이라고 착각했기 때문에 또다시 기진맥진할 때까지 쇼핑을 반복했습니다. 지금 돌이켜보면 그렇게 하지 않고는 견딜 수 없는 더 큰 고통이 제 안에 있었는지도 모릅니다.

저는 야마구치현에 위치한 어느 절의 주지의 아들로 태어났습니다. 그래서 학창 시절부터 이미 승려로서의 자격은 가지고 있었죠. 그러나 그만큼 무슨무슨 종이나 무슨무슨 파라고 불리는 종파 불교의 가르침에는 처음부터 위화감을 느꼈습니다. 다행히 아버지는 제게 절을 꼭 잇지 않아도 된다고 하셨기 때문에 저는 대학에서 제 의지에 따라 서양 철학을 전공했습니다. 하지만 결국에는 불도의 길을 택하게 되었죠.

과거 절의 주지는 절에 속해 시주를 하며 절의 재정을 돕는 사람인 단가나 지역 사람들에게 이른바 카운슬러 같은 역할을 했고, 아버지도 이웃 주민들의 고민을 들어주거나 설법을 하곤 했습니다. 결코 아버지의 뒤를 이으려 했던 것은 아니지만, 졸업 후 제가 택한 길은 어떤 의미에서 아버지와 같은 길이었습니다. 도쿄 주택가 한편에 '가출 카페'라는 이름의 카페를 열고, 젊은 친구들의 고민을 들어 주는 일을 생업으로 삼기 시작한 것입니다.

저는 기존의 불교에 대해서는 거의 절망감을 느끼고 있었습니다. 하지만 승복을 걸쳤다는 이유만으로도 대학을 갓 졸업한 저 같은 풋내기에게 사람들은 기대를 품고 이래저래 의지해 주었습니다. 그야말로 승복이 저를 실제보다 더 대단한 사람으로 만들어 준 셈이죠. '설령 부풀려진 모습일지라도 곤경에 처한 사람들을 도울 수 있다면 그걸로 괜찮지 않을까' 하는 가벼운 마음이었습니다.

하지만 사람들의 고민을 들어 주면서 사실은 불안정한 제 마음을 안정시키려 했던 것 같습니다. 다음의 기분에 취해 있었죠.

'나는 다른 사람에게 도움이 되는 존재야.'
'나는 좋은 일을 하고 있어.'

'나는 훌륭한 사람이야.'

그때의 저는 그렇게 해야만 스스로의 가치를 실감할 수 있었던, 유리처럼 약하고 상처 입기 쉬운 사람이었습니다.

실제로 당시에는 경을 욀 때가 아니면 승복도 입지 않았고, 머리도 깎지 않았습니다. 깎지 않았을 뿐 아니라 장발이었습니다. 심지어 천연 곱슬머리라 인상이 아주 가벼워 보였을 것입니다. '가출 카페'에서는 검고 시크한 옷을 입고, 그 외에는 화려한 차림으로 다녔습니다.

당연하게도 뒤틀린 마음으로 사람들의 고민을 들어 주다 보니 마음처럼 잘 풀리지 않을 때도 많았습니다. 그럴 때는 아무래도 충격에 빠졌습니다. 마치 나의 가치를 부정당한 듯한 기분에 사로잡히고, 모치럼 애를 써서 조언을 해 주는데 제 말을 듣지 않는 사람을 보면 짜증이 났습니다. 짜증이 나면 점점 다른 사람에게 도움을 주기가 힘

들어집니다. 그렇게 제 마음은 이리저리 방황을 했던 것
같습니다.

종파 불교로 나뉘기 전의 '원시 불교'를 만난 것은 바로
그 무렵이었습니다. 원시 불교 경전을 탐독하며 수행을
시작했고, 수행이 어느 단계까지 진행됐을 때 일단 카페
를 닫고 약 1년간 오로지 여러 지역을 다니며 명상 수행
에 전념했습니다. 명상을 통해 마음이 한순간에 확 달라
지는 것을 느꼈습니다.

그 과정에서 지금까지의 제 상태에서 벗어나기 시작하
면서 소유물에 얽매이던 마음에서도 자연스레 벗어날 수
있었습니다.

돈의 본래의 목적은
행복에 있다

자, 앞서 '가지고 싶은 물건이 애초에 적은 것이 좋다'고
적었는데, 최근에는 과거의 저처럼 욕심과 허영심이 가

득한 젊은 사람들을 찾아보기 힘든 것 같습니다. 이른바 초식계라 불리는 이들은 물욕이 없고, 굳이 대단한 사람이나 부자가 되지 않아도 된다는 생각과 함께 무엇이든 담백하게 받아들이는 젊은이들, 특히 남성이 늘고 있다고 합니다.

그들은 수행을 하지 않았는데도 벌써 깨달음을 얻은 걸까요? 소유하는 것과 소비하는 것 그리고 돈에서 자유로워진 걸까요? 그래서 물건이나 돈에 의존하지 않는 행복을 손에 넣은 걸까요?

만약 욕망, 즉 삼독(三毒) 중 하나인 '탐욕'의 업(業)이 줄어들고 있다면 그것은 훌륭한 일입니다. 하지만 저는 그렇게 생각하지 않습니다.

사실은 여러 가지 물건이나 돈을 원하지만 현재와 같은 경제 상황에서는 도저히 가질 수 없고, 그걸 어떻게든 하려면 엄청난 에너지와 노력이 필요하니 그렇다면 '처음부터 원하지 않았던 걸로 하자. 그게 더 쿨해 보이니까 쿨한 척하기로 하자'고 욕망을 억지로 덮어 두고 억압하고 있는 것처럼 보일 뿐입니다. 그렇지 않다면 지금과 같은 고통이 젊은 사람들에게까지 퍼졌을 리가 없습니다.

그렇게 욕망에 뚜껑을 덮고 원하면서도 원하지 않는 척한다면 '가지고 싶다, 가지고 싶다'며 돈벌이에 눈이 먼 사람과 욕망에 굴복하고 지배당하고 있다는 점에서 조금도 다를 바가 없습니다.

그래서 미리 말씀드립니다.

'나는 지금 가난하지만 그걸로 괜찮아. 지금 이대로의 나도 좋아.'

만약 이렇게 생각해도 좋다고 말하는 책을 기대했다면 유감스럽지만 그 기대에 부응할 수는 없을 것입니다.

하지만 그 대신, 돈이나 물건을 소유하고 돈을 쓰는 것에 수반되어 일어나기 쉬운 마음속의 잡음에서 자유로워지고, 돈 본래의 목적, 즉 행복을 위한 돈 사용법을 알고 싶다면 분명 이 책이 도움이 되리라 확신합니다. 애초에 사람은 누구나 행복해지기 위해 돈을 원하는 것이지 돈 그 자체를 원하는 것은 아닐 테니까요.

· 차례 ·

한국어판 서문　얽매이지 않겠다는 생각에서도 자유로워져라　004

시작하며　돈과 물건에 구애받지 않는 삶을 살다　024

제1장

돈을
과대평가하지
않는다

소유에 대해 착각하는 것들

돈이 많아진다는 것의 의미　055

돈이 우리에게 가져다주는 감정의 정체　062

더 많이 벌면 행복해질 것이라는 착각　068

한 번 빠지면 헤어 나올 수 없는 소유의 늪　074

돈과 롤러코스터의 공통점은 1분짜리 쾌락이라는 것이다　080

도망치기 위해 쓰는 돈으로는 행복해질 수 없다　087

돈이 있어도 돈에 의존하지 마라　093

제2장

더 갖고 싶은 마음을 인정한다

물건에 집착하는 이유

욕망을 해결하는 세 가지 자세   **103**

욕망이 사라진 것이 아니라 의욕을 잃어버린 것이다   **110**

인정받고 싶다는 마음이 소비를 부추긴다   **117**

가져도 가져도 만족할 수 없는 이유   **124**

무아의 경지에 이를 때 마음은 쉽게 흔들린다   **129**

돈 쓰기 전에 알아야 할 행복의 조건   **139**

제3장

방을
채우기 전에
마음부터 채운다

조절할 수 있는 것에 집중하기

순간의 충동에 흔들리지 않는 법	155
몸의 감각에 집중할 것	163
주변과 마음부터 가볍게 만든다	168
물건으로 가득 찬 마음과 방을 정리하라	174
버리면 버릴수록 마음이 개운해진다	181
자극이 약한 것을 선택한다	189

제4장

정말
원하는 것만
가지고 산다

행복하게 소비하는 법

'가지고 싶어서'는 돈 쓸 이유가 되지 않는다　199

저축이나 절약도 사실은 자극에 불과하다　204

필요한 것과 가지고 싶은 것을 구분하는 법　209

돈을 수단으로만 사용한다　215

입에 들어가는 것에는 사치를 부릴 것　220

없어도 되는 것에는 돈을 쓰지 않는다　226

돈을 버릴 수 있어야 행복해질 수 있다　232

돈을 과대평가하지 않는다

소유에 대해 착각하는 것들

돈이 많아진다는 것의 의미

우선 돈에 대해 이야기해 보려 합니다. 돈이 최초로 탄생한 시점으로 거슬러 올라가 볼까요? 많은 사람이 알고 있듯이 돈이 존재하기 전에는 물물 교환이 이루어졌습니다. 어떤 사람이 참마를 100개 수확했는데 혼자 다 먹을 수는 없으니 무를 많이 가진 사람을 찾아가 참마와 무를 교환하자고 말한 것입니다.

이때 모두가 원하는 물건일수록 교환 가치는 높아집니다. 참마 10개와 교환할 수 있는 것이 사과 10개가 아니라 사과 1개일 수도 있는 것이죠.

이처럼 자신이 가진 물건과 그것을 원하는 사람 사이에서 교환이 시작됩니다. 그러나 자신이 원하는 물건과 자신이 가진 물건과 상대가 원하는 물건과 상대가 가진 물건이 잘 맞아떨어지는 경우는 드물죠. 그래서 조개껍데기나 금화 같은 매개물을 통해 물물 교환의 수고를 점점 줄이게 되었다는 것이 돈의 탄생을 설명하는 일반적인 관점입니다. 이러한 과정을 거쳐 무엇과도 교환할 수 있는, 가치의 척도를 나타내는 화폐인 돈이 등장하게 되었습니다.

무엇보다 돈의 가장 큰 장점은 보존하기가 쉽다는 것입니다. 오래 보존할 수 있으니 쌓아 둘 수도 있었죠. 화폐 이전의 교환 수단으로 곡물이 쓰인 것도 같은 맥락입니다. 참마나 무는 보존이 어렵지만, 곡물은 1년 정도는 보존할 수 있기 때문입니다. 게다가 동양에서 쌀은 주식이자 누구나 원하는 것이었기 때문에 교환 가치도 높았죠. 그래서 쌀을 많이 가진 사람이 권력을 쥘 수 있었습니다.

이로 인해 사람들의 마음에는 썩지 않고 오래 보관할 수 있는 것 그리고 모두가 원하는 것을 가지면 권력을 쥘 수 있다는 인식이 새겨졌습니다. 그래서 시간이 오래 지나도 썩지 않고, 많이 사용해도 마모가 적으며 희소가치가 높은 금화가 화폐로 자리 잡았습니다. 불과 얼마 전까지 전 세계적으로 금본위제가 시행되었다는 점에서도 금화의 가치를 알 수 있습니다.

즉 잘 망가지지 않아야 하고, 귀금속으로서 희소가치가 있어야 한다는 것이 돈의 최초의 조건이었습니다. 그 자체의 사용 가치는 전혀 중요하지 않았던 것입니다.

쌀은 교환 수단으로서의 가치도 있고 먹을 수도 있지만, 현재의 화폐 자체에는 아무런 기능이 없습니다. 하지만 돈만 있으면 무엇이든 교환할 수 있다는 사회적 약속이 성립되었기 때문에 그 가치가 보장되는 것입니다.

돈만 있으면 언제든지 음식을 구할 수 있고, 타인의 추

앙을 받을 수 있고, 경우에 따라서는 사람까지도 살 수 있습니다. 처음에는 돈으로 살 수 없는 것도 있었지만, 점차 지구상의 모든 것을 돈으로 살 수 있게 되었고 심지어 사람의 장기마저 살 수가 있습니다. 이제는 돈으로 얼굴뿐만 아니라 생명마저 조작할 수 있게 되었죠.

돈으로 살 수 있는 것의 영역이 점점 확장되는 과정이 역사의 발자취라고 해도 과언이 아닙니다. 현대에 들어 돈으로 손에 넣을 수 있는 것이 점점 많아지면서 돈의 마력이 더 강해지고 있습니다.

즉 돈이 많으면 많을수록 위협받을 가능성이 줄어들어 안심할 수 있다는 것입니다. 말하자면 돈이 자기방어와 안정을 위한 도구인 셈입니다. 그래서 누구나 돈을 더 많이 모으려고 애쓰는 것이죠. 돈을 많이 가진다는 것은 세상에서 자신이 자유롭게 지배할 수 있는 것이 늘어난다는 뜻이고, 반대로 돈을 적게 가진다는 것은 세상에서 자신이 지배할 수 있는 것이 줄어든다는 것을 의미합니다.

돈의 양이 자신의 지배 영역, 자신이 촉수를 뻗어 지배할 수 있는 범위를 결정하기 때문에 사람들은 세계를 지배하기 위한 도구, 세계로 촉수를 넓히기 위한 도구로서 돈을 원하는 것입니다.

불안해지지 않으려고
모으는 돈에는 끝이 없다

그렇다면 왜 사람은 이토록 세상을 지배하고 싶어 하는 걸까요? 끝까지 파고들어 생각해 보면 결국 불안하기 때문입니다. 공격이 최대의 방어라고 굳게 믿고 있기 때문이죠. 지배 영역을 넓혀야 자신의 영향력 아래에 더 많은 것을 둘 수 있고, 자신을 인정해 주는 사람을 늘려 나갈 수 있습니다. 그렇게 자신의 존재 의미에 대한 불안에서 벗어나려는 것이죠.

사람은 누구나 근본적으로 무의식적인 잡음에 시달리고 불안과 고통을 느낍니다. 그 고통이라는 자극에 끌려다니고, 자신이라는 이름의 주가를 끌어올려 영향력을 가짐으로써 끊임없이 스스로의 가치를 확인하려 합니다. 하지만 그로 인해 오히려 고통은 더 커지고, 또다시 주가를 끌어올려야만 하는 상황에 놓이죠.

'모두가 원하는 것을 이만큼 가진 나에게는 분명히 가치가 있다.'

모두가 원하는 마법 같은 물건인 돈은 누구에게나 욕망의 대상이기 때문에 이러한 생각이 공통의 기준이 되기 쉽습니다.

다시 말해서 돈은 물건의 가치를 측정하는 기준일 뿐만 아니라 우리 자신의 가치를 측정하는 기준이 되어 버린 셈이죠.

확실히 돈이 있으면 그만큼 자유로워질 수 있습니다. 배고픔과 추위에서 벗어날 수 있고, 제한된 영역에서 영향력도 가질 수 있습니다. 하지만 문제는 그것이 불안을 해소하기 위한 수단이라고 생각하면 끝이 없다는 점입니다. 돈을 가지고 지배할 수 있는 영역이 늘어나도 한순간의 쾌락 뒤에는 불안과 고통이 찾아옵니다. 아직 자신의 손이 미치지 않은 영역을 발견하면 그것을 지배하고 싶어 안달이 나는 것이죠.

여기서 근본적인 모순이 발생합니다. 돈이 아무리 늘어나도 결국 돈으로 교환할 수 있는 것만 늘어난다는, 돈 본래의 기능 이상은 얻을 수 없다는 것입니다. 다시 말해서 돈으로 근본적인 불안을 해소할 수는 없습니다. 행복해질 수도 없습니다. 돈을 필요 이상으로 늘리는 데 집착해도 결국 불모의 게임에 불과한 것입니다.

돈이 우리에게
가져다주는 감정의 정체

우리는 왜 돈을 원할까요? 이 질문을 고찰하기에 앞서 우리 인간이 진정으로 감지할 수 있는 것은 '고통'이라는 감각뿐이라는 불교적 진리를 이해하는 것이 도움이 됩니다.

'쾌락'이라는 것도 있지 않냐고 반문하는 사람도 있을 것입니다. 물론 우리는 쾌락도 느낍니다. 하지만 그것은 본래 존재하던 고통이 줄어든 상태를 쾌락이라고 인식하고 처리하는 것에 불과합니다.

예를 들어, 고통스럽던 일이 끝났을 때 그 고통이 사라진 만큼 쾌락이라고 인식합니다. 그리고 일이 끝나서 한 가해지면 이번에는 심심해서 견딜 수 없다는 고통을 느끼죠. 이때 또다시 힘든 일이 주어지면 심심함이라는 고통이 사라진 만큼 쾌락을 느낍니다.

다시 말해서 쾌락을 느끼려면 반드시 전제 조건으로 고통이 필요하다는 것입니다. 이때 고통의 양이 10점이라면 쾌락도 10점만큼 느끼고, 고통의 양이 20점이라면 쾌락도 20점만큼 느낍니다.

인간이 몸과 마음을 통해 실제로 느낄 수 있는 자극은 고통뿐입니다. 그저 그 양이 늘었다 줄었다 할 뿐이지 모든 감각은 고통일 뿐입니다. 그런데도 우리의 마음은 그 변동을 데이터처럼 처리하고 쾌락이라고 변환해 버립니다. 이것은 불교의 근본 원리 중 하나이자 성스러운 진리 중 하나인 일체개고(一切皆苦), 즉 사람이 무상(無常)과 무아(無我)를 깨닫지 못하고 영생에 집착하여 온갖 고통에 빠져 있음을 이르는 말을 가리킵니다.

원하는 것을 손에 넣고도
자꾸만 더 원하는 마음

우리가 무언가를 가지지 않았을 때 어떤 일이 일어나는지를 살펴봅시다. 우선 '나는 이게 없어서 불행하다'는 감정이 생기고 고통을 느낍니다. 그래서 그 고통을 해소하기 위해 그것을 손에 넣으려 합니다. 그리고 그걸 손에 넣는 순간 고통이 순식간에 사라지고, '아, 이제 괴롭지 않아!' 하며 쾌락을 느끼는 것입니다.

하지만 그 쾌락은 원하는 것을 손에 넣은 그 순간에만 느낄 수 있습니다. 쾌락을 느끼려면 '저게 가지고 싶어서 너무 괴로워'라는 고통이 증가된 상태에서 원하는 걸 손에 넣어서 고통이 줄어드는 낙차가 필요합니다. 쾌락을 느낄 수 있는 건 낙차가 발생한 그 찰나뿐이죠.

기분이 좋아지는 것은 원하는 걸 손에 넣은 그 순간뿐이고, 그 이후에 쾌감은 익숙해져서 사라져 버리죠. 그리고 남는 것은 오직 그것을 가지고 있는 내내 '이걸 가지고 있어, 가지고 있어, 가지고 있어' 하는 잡음뿐입니다. 즉 물건을 소유한다는 것은 순간의 쾌락을 위해 새로운 잡음과 고통을 짊어지는 것이라고 생각합니다.

손에 넣은 물건이 사실은 필요하지도 않은데 그저 욕망에 굴복해서 사 버린 경우라면 그 고통은 특히 더 강합니다. 심지어 광고에 속아서 샀다는 느낌까지 들면 그 괴로움은 한층 더 심해지죠.

이 고통을 없애기 위해서는 그 물건을 손에서 놓아 버려야겠지만, 우리의 마음은 그 물건이 스트레스를 증가시키고 있다는 걸 인식하지 못합니다. 그래서 또 다른 물건을 탐내는 익숙한 방식으로 부정적인 감정을 해소하려 하죠. 또 다른 물건이 가지고 싶어지면 다시 괴로움을 느끼고, 그것을 손에 넣었을 때 다시 쾌락이라는 환상을 맛볼 수 있으니 말입니다.

하지만 이번에도 쾌락은 불과 0.1초 정도만 유지되기 때문에 또다시 무언가를 탐내는 건 시간문제입니다. 더 큰 쾌감을 얻기 위해서는 더 강한 고통이 필요하고, 고통이 100점만큼 있다면 그것을 해소했을 때 100점만큼의 쾌락을 느낄 수 있기 때문입니다. 그래서 우리는 더 손에 넣기 힘든 물건을 원하는 것입니다. 고통이 훨씬 커지기 때문에 마음의 입장에서는 더할 나위 없이 좋은 조건인 셈이죠.

처음에는 10만 원짜리 가방에 만족했던 것이 100만 원, 500만 원, 1,000만 원이 되고, 1억 원짜리까지 탐하게 됩니다. 급기야 2억 원은 있어야 살 수 있는 데다 다리를 놓아 줄 인맥도 필요하고, 장인의 마음에 들어야만 겨우 손에 넣을 수 있는 희소한 것까지 원하는 지경에 이릅니다. 이처럼 인간의 욕망이란 점점 더 실현 불가능한 것을 향하는 법입니다.

그러다 보면 때때로 그 욕망은 물건뿐 아니라, 현실적으로 불가능하고 자신의 능력에 맞지 않는 직업이나 인간관계까지 손을 뻗습니다. 실현이 불가능할수록 고통은 커지지만 그 고통이 해소되었을 때 지금보다 더 큰 쾌감을 얻을 수 있기 때문에 더 욕망하게 되는 것이죠.

하지만 여기서의 함정은 스스로 고통을 추구하는 습관이 생긴다는 점입니다.

예를 들어, 일부러 극단적인 상황으로 자신을 몰아넣거나 짜증을 내고 싶어지는 식이죠. 그러면 마음은 '고통을 느낀 덕분에 이렇게 기분이 좋아졌어. 그렇다면 더 큰 고통을 느껴도 좋아'라고 학습합니다.

저는 이러한 메커니즘을 '욕망의 3D'라고 부릅니다. 대다수의 물건은 처음에는 말 그대로 필요하기 때문에 원했던 것입니다. 다시 말해서 '수요(Demand)'였던 것이죠. 하지만 점점 필요성에서 벗어나 고통과 쾌락의 큰 낙차를 추구하고, 서서히 고통이라는 자극에 중독되기 시작합니다. 이것이 바로 '욕망(Desire)'입니다. 그리고 이 욕망이 더 엇나가면 완전히 고통에 지배당하고, 더 이상 제어할 수 없는 '충동(Drive)'이 되어 버립니다.

더 많이 벌면
행복해질 것이라는 착각

불교에서는 인간에게 삼독이라 칭하는 탐(貪, 욕망), 진(瞋, 분노), 치(痴, 무지)의 세 가지 근본 번뇌가 있다고 보고 인간 심리를 분석합니다. 그리고 이들 중 가장 먼저 오는 것이 바로 '탐', 즉 욕망입니다.

현대 사회에서 경제적 위기감이 조금씩 확대됨과 동시에 '절약하고 싶다'는 경향이 강해지고 있습니다. 하지만 절약이 사람들이 정말로 원하는 것을 억지로 참고 있는 것에 불과하다면 오히려 스트레스를 받고, 궁상스러워지고 비참해질 뿐입니다. 게다가 절약한다면서 값싸고 조악한 것들만 잔뜩 사들여 물건이 넘쳐나게 된다면 결코 내 뜻대로 돈을 다루는 삶을 살 수는 없을 것입니다.

절약에 집착하는 것은 사실 돈에 대한 욕망이 너무 강해서 물욕이 억눌리고 있기 때문입니다. 이는 욕망이 시키는 대로 돈벌이에 혈안이 되는 것과 마찬가지로 돈에 지배당하고 있는 상태라 할 수 있죠.

욕망의 메커니즘을 철저히 파악해서 극복하고, 적게 소유하며 마음이 개운한 생활을 즐길 수 있어야 합니다. 값이 싸다고 해서 질이 안 좋은 물건을 덥석 사는 것이 아니라 꼭 필요한 물건이라면 가격에 구애받지 않고 사는 충실한 연습을 하길 바랍니다.

연봉이 2배로 올라도 행복하지 않은 이유

욕망이란 간단히 말하자면 아직 손에 넣지 못한 것을

간절히 원하지만 아직 손에 넣지 못해 고통(스트레스)이 발생한 상태를 가리킵니다.

예를 들어, 연봉이 2,000만 원인 사람이 별 다른 노력 없이 4,000만 원을 받기를 원한다면 이 또한 욕망이라고 할 수 있을 것입니다. 희망 연봉보다 2,000만 원이 부족하다고 생각하며 마음속에서 고통을 느끼겠죠.

그런데 수입이 점점 늘어나는 과정에서 그 고통은 조금씩 줄어듭니다. 이처럼 고통이 조금씩 줄어드는 과정에서 사람들은 희열을 느낍니다. 가슴이 두근두근 뜁니다. 고통이 줄어드는 과정에서 쾌락을 느끼는 것입니다. 정확히 말하자면 쾌락을 느꼈다고 착각하는 것이지만요.

중고등학생 시절의 첫사랑을 예로 들면 더 쉽게 이해할 수 있을지도 모릅니다. 누군가를 좋아하면 그 사람과 사귀고 싶어지고, '만약 거절당하면 어떡하지?' 하는 불안감 때문에 가슴이 두근두근 뜁니다. 이 떨림은 도파민 같은 불쾌한 물질이 분비되어 혈액의 흐름에 이상이 생긴 상태인데, 뇌는 그 고통을 '자극적이지만 기분이 좋다'로 데이터를 변환합니다.

기분이 좋은 이유는 원하는 바가 이루어질 가능성이 있고, 그 고통이 줄어들 전망이 있기 때문이죠. 하지만 만약 그 사람과 이루어질 조짐이 전혀 보이지 않는다면 고통은 더 심해집니다.

두 사람의 관계가 가까워지는 데 성공할 가능성이 높아질수록 처음에 느낀 두근거림은 점점 옅어집니다. 그리고 마침내 마음을 얻어 만남을 시작하면 '뭐야. 옛날처럼 행복하지 않잖아'라고 착각하게 되고, 결국 이별의 말을 꺼내기에 이르죠.

다시 돈 이야기로 다시 돌아가 보겠습니다. 연봉 4,000만 원을 달성했을 때 '아, 해냈다!'는 쾌락이 순간적으로 찾아옵니다. 하지만 그것은 말 그대로 찰나일 뿐입니다. 그 한순간이 지나고 5초쯤 지나면 그 쾌락은 이미 기억이 되어 있습니다. '연봉 4,000만 원을 달성했다'는 것은 이제 과거의 정보에 불과하고, 점점 희미해져 갑니다.

물론 마치 초등학생 때 등산을 다녀와 '힘들었지만 정상에 올랐을 때는 고생한 만큼 기쁨도 컸다'고 회상하듯이 훗날 감상에 젖는 사람도 있겠지만, 결국 시간이 지나면 싫증이 납니다. 이때 감각이 예민한 사람일수록 더 빨리 싫증을 느끼죠.

그러면 어떻게 될까요? 또다시 새로운 고통을 스스로에게 부여하게 됩니다. 이번에는 그 2배인 8,000만 원을 목표로 삼는 것입니다. 그리고 그다음에는 1억 원, 10억 원, 100억 원…. 이처럼 욕망은 끝을 모르고 계속 샘솟게 됩니다.

욕망도 실현 가능한 것을 목표로 할 때는 그나마 괜찮습니다. 그런데 실현 가능한 욕망들이 차례차례 충족되는 과정에서 무엇을 원하든 금세 이루어지면 더 이상 자극을 느끼지 못하게 됩니다. 다시 말해서 고통을 잘 느끼지 못하는 것이죠.

고통이 없는 상태야말로 우리가 바라는 '행복'일 텐데,

마음은 그것을 행복이라고는 인식해 주지 않습니다. 쾌락의 전제가 되는 고통이 존재하지 않기 때문입니다. 그러면 '이건 안 되겠어. 고통을 만들어 낼 수 있는 더 강한 자극이 필요해'라고 생각하며 도저히 가질 수 없는 것을 욕망하기 시작합니다. 이쯤 되면 이것은 욕망이 아니라 충동이라고 할 수 있죠.

한 번 빠지면
헤어 나올 수 없는 소유의 늪

현대인의 자의식은 과잉 상태가 아닐까 싶습니다. 지금 자신이 하는 일에 대해 불평만 늘어놓고, 무조건 다른 걸 하고 싶다며 지금 여기에는 없는 어딘가 꿈 같은 세계를 바라고 있는 듯합니다.

이러한 현상의 가장 큰 이유는 꿈은 꿈이기 때문입니다. 영원히 실현되지 않기에 많은 고통, 즉 전기 충격과 같은 자극을 뇌에 가해 주죠. 하지만 꿈은 목표와 다릅니다. 실현 가능한 것은 꿈이 아니라 목표라고 부릅니다.

현대인이 꿈을 꾸기 쉬운 이유는 고통을 좋아하는 자극 중독에 빠져 일부러 실현 불가능한 것을 원함으로써 고통을 느끼는 구조에 휘말려 있기 때문입니다.

어설프게나마 어느 정도의 풍요로움을 경험하고, 이런저런 것들을 손에 넣어 보았기 때문에 이제는 실현 불가능한 것을 좇아야만 행복을 느낄 수 있게 되어 버렸다고 말해도 과언이 아닙니다. 물론 이 행복은 진정한 행복이 아니라 쾌락입니다. 심지어 금세 사라지고 마는 덧없는 쾌락입니다. 제가 보기에 사람들은 절대로 행복해질 수 없는 곳을 향해 나아가고 있고, 무의식적으로 그 사실을 알면서도 굳이 불행을 택하는 것처럼 보입니다.

즉 인간은 궁극적으로 욕망이 충족되기를 바라지 않는다는 것입니다. 오히려 무의식적으로는 충족되지 않은 채 고통을 내버려 두기를 원합니다. 이미 앞서 이야기했듯이 욕망이 충족되면 쾌락이라는 착각이 일어납니다. 하지만 그것은 순식간에 사라져 버리고 말죠. 그리고 우리는 마음속 어딘가에서 이미 이 사실을 알고 있습니다.

그래서 욕망을 실현시키기보다는 그 과정에 계속해서 관여하고 싶어 합니다. 이 상태가 더 심해지면 결국에는 절대 실현되지 않는 것을 바라게 되고, 정말 실현될 것 같은 상황이 되면 일부러 실패하거나 머뭇거리거나 망쳐 버리기도 하죠. 좋아하는 사람과 마침내 잘되려는 순간 일부러 다른 사람을 만나거나 상대방에게 상처가 되는 말을 하거나, 폭력을 휘두르기도 합니다.

매우 중요한 이야기이니 다시 한번 반복하겠습니다. 우리는 욕망의 생존 게임에 사로잡혀 사실은 늘 고통을 맛보고 있습니다. 그런데 뇌의 정보 처리 시스템이 제멋대로 고통의 증감, 즉 낙차를 쾌락이라고 변환해 버려서 '이건 고통이니까 벗어나자'고 생각할 수 없는 것입니다.

인간의 가치 척도가
되어 버린 돈

어쩌면 자본주의란 인간의 욕망 프로그램이 극대화되

도록 설계된 시스템일지도 모릅니다. 소유욕이라는 것은 처음에는 단지 필요하기 때문에 생겨난 것입니다. 하지만 '고통 후 쾌감'이라는 사이클을 통해 행복을 얻으려는 한 우리는 영원히 행복해질 수 없는 시스템 속에 갇혀버립니다. 이 사이클에서 탈출하는 첫걸음은 원하는 것을 줄이는 것입니다. 즉 물건을 소유하고, 사람을 소유하고, 지위를 소유하는 등의 욕망에서 발을 빼는 것이죠.

'소유물을 줄인다'는 개념을 돈과 연결해서 설명하자면 돈이 있으면 언제든지 필요한 물건을 손에 넣을 수 있기 때문에 소유물을 최소한으로 줄일 수 있습니다. 돈이라는 것은 갑자기 물가가 치솟아 휴지 조각이 될 수도 있는 불안정한 것입니다. 특히나 현대에 사는 사람들은 어느 날 갑자기 경제가 무너지고 돈의 가치가 급락하는 건 아닐까 하는 잠재적인 불안에 시달리고 있습니다.

하지만 경제 시스템이 기능하고 있는 이상, 일단 물건이라는 것은 많이 소유하지 않아도 늘 손에 넣을 수 있다는 인식을 가지는 것이 최대한 적게 소유하며 살아갈 수 있는 기본적인 사고방식이라고 생각합니다. 다시 말해서 창고를 직접 소유하는 대신 유통업자나 소매업자에게 내 집의 창고지기를 맡기고, 필요할 때 돈을 지불하고 물건을 받는 식이라면 굳이 물건을 소유할 필요가 없는 셈입니다.

즉 돈과 물건을 언제든 교환할 수 있으니 물건을 소유하지 않아도 되고, 그것이야말로 돈의 사용 가치라는 말입니다. 화폐의 기원을 생각하면 너무나 당연한 이야기지만, 돈은 어느새 교환 가치가 아니라 자신의 가치를 측정하기 위한 도구가 되어 버렸습니다. '나는 연봉이 이만큼 되고, 지금까지 이만큼의 돈을 모았다. 나의 가치는 그 정도다' 하는 식으로 말이죠.

돈이 사람의 가치를 측정하는 척도로서 존재한다면 누구나 자신의 자아를 비대하게 만들기 위해 돈을 더 많이 가지려 할 것입니다. 자산이 5억 원이면 내 가치도 5억 원이고, 800억 원이 있으면 내 가치도 800억 원이고, 7,000조

원이 있으면 7,000조 원의 가치가 있는 사람이라고 생각하며 한없이 그 크기를 늘릴 생각만 할 것입니다.

어쨌건 다른 사람들이 그 가치를 진정으로 인정해 줄 것인가는 별개로 그 크기가 커질수록 그에 맞게 자신의 가치도 커질 거라고 믿고 돈을 모아 나가는 것이죠.

돈과 롤러코스터의 공통점은
1분짜리 쾌락이라는 것이다

돈에 관해서는 두 가지 삶의 방식이 있습니다.

하나는 강렬한 고통과 쾌락이 이끄는 대로 수백억 원의 주식을 사들여 먹고 자는 시간을 아끼며 모니터만 바라보는 삶입니다.

또 다른 하나는 어떤 단계에서 고통과 쾌락을 키우는 것이 더 이상 의미가 없고, 돈에 관한 고통은 성에 차지 않는다며 다른 장르의 고통을 찾아 헤매는 삶이죠. 즉 인간관계나 건강과 관련해서 일부러 자기 자신을 파괴하는 행동을 저지르는 것입니다. 이 유형은 이른바 성공한 사람들에게서 흔히 찾아볼 수 있습니다.

두 가지 삶 모두 행복한 삶과는 거리가 멉니다. 욕망에 휘둘리고 있다는 점에서는 다를 바가 없습니다.

욕망을 따라가면 많은 돈을 벌고, 성공한 사람처럼 보여 사회적으로 칭송받는 자리에 오를 수 있을지도 모릅니다. 하지만 그것은 결코 행복해질 수 없는 구조입니다. 마음이 스스로 고통을 만들어 내고, 그로 인해 한순간의 환상 같은 쾌락을 얻을 뿐입니다.

디즈니랜드에서 2시간 동안 줄을 서서 고작 1분에 불과한 쾌락을 느끼는 것과도 같습니다. 수지가 안 맞는 셈이죠. 그 정도가 심하면 심할수록 행복과는 점점 더 멀어집니다. 애석하게도 사실은 행복하지 않은데 많은 사람에게 칭송받고 있다는 이유로 착각을 해 버립니다.

'나는 행복한 것 같아.'

하지만 괴롭습니다. 행복해야 하는데 고통스러운 상태로 악전고투하는 것입니다.

'아, 힘들다. 어떻게든 해결하고 싶어.'

마치 쳇바퀴 안에서 계속 달리기만 하는 햄스터처럼 그저 쉴 새 없이 발을 구르고 행복은 느끼지 못합니다.

왜냐하면 뇌가 고통이라는 찌릿찌릿한 자극 정보를 '기분이 좋다'는 정보로 바꿔서 폭주해 버리기 때문입니다. 이처럼 데이터를 변환하는 작용을 불교 용어로 '희론(戱論)'이라고 합니다. 장난치듯 머리가 제멋대로 데이터를 바꿔 버리는 것이라고 이해하면 됩니다.

뇌가 데이터를 바꿔 버리면 현실이 보이지 않습니다. 자신이 고통받고 있는 현실을 인지하지 못하고, 가상의 행복을 느끼는 것이죠. 돈에 집착해서 행복을 느끼는 것은 이 가상의 쾌락에 불과합니다.

영원히 기분이 좋다고 오해한 채 살아간다는 것이 어

쩌면 본인에게는 그리 나쁘지 않은 일일지도 모릅니다. 하지만 어느 시점에 이르면 더는 이 희론이 계속될 수 없음을 반드시 깨닫게 됩니다. 아무리 생각해 봐도 '나는 고통스럽다'고 인정할 수밖에 없는 때가 오는 것이죠. 더는 견딜 수 없는 단계에 이르게 됩니다. 욕망이 낳은 고통이 한계를 넘어서면 '자극적이고 기분이 좋다'고 착각하게 만든 눈가리개마저 고장이 나 버리는 것입니다.

하지만 바로 그때가 기회입니다. 사람은 그제서야 비로소 달라져야겠다고 의식하기 때문입니다. 저는 이 소중한 기회를 살리는 사람이 많지 않다는 것이 그저 안타까울 뿐입니다.

앞서 등장한 '희론'이라는 데이터 변환, 즉 욕망에 따른 망상이 심한 사람일수록 현실에서 자신에게 가해지는 고통을 쾌삼이라고 느끼는 경향이 강합니다.

'돈을 더 많이 벌고 싶다.'

'더 높은 자리로 올라가고 싶다.'

'회사를 지배하고 싶다.'

'이 나라를 지배하고 싶다.'

'세계를 지배하고 싶다.'

이처럼 욕망이 끝없이 확장되는 구조도 동일합니다.

하지만 공교롭게도 그것은 행복이 아니라 뇌에서 데이터가 변환되면서 발생한 가상의 쾌락에 불과합니다.

광고는 물건이 아니라 환상을 판다

가상의 쾌락을 불러 일으키는 것 중에 가장 강력한 것이 바로 '광고'입니다. 소비를 부추기는 광고는 사람들에게 '당신은 불행하다'는 가상의 자극을 주는 데서 시작되고, 욕망을 불러일으킵니다. 광고는 언뜻 행복을 주는 것처럼 보이지만 사실은 그렇지 않습니다. 처음에는 불안을 느끼게 하고, 그 물건을 손에 넣을 때까지 묵직한 고통을 안겨 줍니다.

'앗, 저거 나한테는 없는 건데 어떡하지?'

그리고는 쾌락을 맛보게 하는 사이클을 만듭니다.

'드디어 나도 샀어. 아, 이제 괴롭지 않아. 행복해.'

사람들에게 현실을 보여 주는 것이 아니라 가상의 자극을 주어서 불행한 감정을 심어 준다면 거기서 얻는 쾌락 역시 가상의 쾌락일 뿐입니다.

가장 원초적인 광고 방식 중 하나는 진열일 것입니다. 보지 못했다면 원하지 않았을 물건이 눈에 들어오는 바람에 욕망이 생겨납니다. 하지만 자신의 오감을 통해 실물을 보고 판단할 테니 그나마 나을지 모릅니다.

제가 현대 광고에 대해 특히 우려하는 것은 우리를 가

상 세계로 끌어들인다는 점입니다.

예를 들어, 광고는 사회적으로 성공하거나 많은 사람이 동경하는 인물이 특정 제품을 사용하는 모습을 보여줍니다. 그러면 우리는 그 제품을 사용하면 광고 속 인물처럼 될 수 있을지도 모른다는 환상에 빠지게 되죠. 거꾸로 말하면 광고를 보기 전까지는 존재하지 않았던 불행한 기분을 우리에게 각인시킨다는 것입니다.

하지만 각인된 시점에서 이미 그것은 가상입니다. 거기서 발생한 소비도 가상이고, 따라서 그로 인해 느낀 쾌락 역시 가상의 쾌락입니다. 다만 그로 인해 남겨진 고통만큼은 현실에 존재하는 감각이죠. 그러니 우리는 이 방식으로 절대 행복해질 수 없습니다.

도망치기 위해 쓰는
돈으로는 행복해질 수 없다

최근에는 이러한 말을 종종 듣습니다.

"본인이 행복하다고 생각하면 그게 행복 아닌가?"

예를 들어, 집에 틀어박혀 은둔 생활을 하는 청년이 자신에게 다정한 캐릭터가 등장하는 컴퓨터 게임에 푹 빠져 있는 것을 보며 "뭐, 그 사람이 행복하다고 하면 행복한 거 아닌가?"라고 말하는 식입니다.

과거에는 부정적으로 평가받던 오타쿠 문화나 애니메이션 문화를 최근 들어 손바닥 뒤집듯 찬양하고, 경제를 회복시킬 수 있는 원동력처럼 다루는 평론가들이 속속 등장하고 있습니다.

하지만 어째서 이러한 문화가 이렇게 번성하게 되었을까요? 명백하게 현실 도피입니다. 즉 현실 속의 인간은 원하지 않고, 2차원 공간의 인간이 더 멋지다고 믿으며 '나는 인기가 없다', '인정받지 못한다'는 고통과 마주하기를 회피하는 것뿐입니다.

실제로 이러한 문화가 현대 소비의 일부를 견인하고 있는 건 사실이지만, 그렇다고 해서 그들이 마음속의 무의식 영역에서 괴롭다며 계속해서 비명을 지르는 것을 무시한 채 겉으로 드러난 부분만 보고 '뭐, 그 사람이 행복하다면 행복한 거지' 하며 덮어 두는 것은 너무 무책임한 태도가 아닐까요?

애초에 태어날 때부터 현실의 아이보다 2차원 캐릭터를 더 좋아하고, 현실 세계에서 노는 것보다 게임하기를 더 좋아하는 아이는 절대 있을 수 없습니다. 만약 그러한 아이가 있다면 반드시 그렇게 될 수밖에 없는 과정을 겪었을 것입니다.

이를테면 본래 원했던 것을 포기하고 그것을 대체할 만한 것으로 바꿔 나가는 과정 말입니다. 가지고 싶었던 것들을 손에 넣지 못한 가운데 하나를 포기하고 다른 것으로 메우고, 또 하나를 포기하고 다른 것으로 대체하는 과정을 반복했을 것입니다. 오타쿠적인 가치관이라는 것은 포기를 거듭한 끝에 도달한 관점이 아닐까요?

처음에는 외부 세계와 연결되고 싶다는 욕구가 분명히 존재했을 것입니다. 하지만 원하는 것을 손에 넣지 못하면 자존심이 상하니까 스스로를 보호하기 위해 외부와 연결되고 싶지 않은 척하며 자신만의 세계에 틀어박히는 게 아닐까 생각합니다.

이러한 욕망을 기반으로 돈을 쓰고, 자아를 강화하는 것은 정말 불행한 일입니다.

한편 해결 가능성이 있는 어중간한 고통을 만들고 그것을 해결해 나가는 과정을 통해 행복을 느낄 수도 있습니다.

'아, 해결됐다. 일단은 편해졌다.'

이 역시 본질적인 행복과는 다른, 소극적인 행복이지만 오타쿠 문화처럼 유아론적 행복보다는 조금 더 현실적이라는 점에서 더 낫다고 할 수 있습니다.

하지만 이 과정에서 함정에 빠지지 않기 위해 주의해야 할 점은 그 어중간한 고통이 해결됐을 때 느껴지는 쾌감을 진짜 행복이라고 착각하지 않는 것입니다. 쾌락을 느낄 때마다 마음속으로 확실히 인지해야 합니다.

'이건 착각이야. 고통이 줄어들고 있는 걸 쾌락이라고

착각할 뻔했어.'

문제가 해결되면 일시적으로 행복한 것 같은 느낌이 들지만, 거기에 집착하지 말아야 합니다.

'아, 하지만 이건 환상이야. 마음속에서 행복이라고 착각하게 만드는 정보 처리가 일어난 것뿐이야. 속지 말아야지.'

이렇게 다짐하며 살아가야 강렬한 고통과 쾌락 대신 적당한 행복을 느낄 수 있습니다. 어중간한 고통과 어중간한 행복이라 해도 우리는 충분히 행복하게 살 수 있습니다.

이러한 시고방식이 어둡고 부정적이라고 느낄 수도 있지만, 실제로는 매우 적극적인 삶의 방식입니다. 현실을 무시하려는 것이 아니라 현실을 제대로 마주하고 자신의 마음의 움직임을 관찰하는 것이기 때문이죠.

실제로 명상을 통해 자신의 마음을 관찰해 보면, 어떤 문제가 발생해서 고통을 느끼고 그것을 해결하면서 쾌락을 맛보는 과정이 또렷하게 보입니다.

하지만 그 쾌락이 착각이라는 것을 알기 때문에 고통과 쾌락의 소용돌이에 휘말릴 일은 없습니다. 땅에 두 발을 디디고 한 걸음 한 걸음 나아갈 수 있습니다. 거짓된 쾌락에 속지 않고 꾸준하게, 다른 자극을 찾아 도망치지 않고 확실하게 하나하나의 과제를 극복해 나갈 수 있습니다.

그렇게 하면 결과적으로 자연스럽게 일이 잘 풀리고, 주변 사람들에게도 칭찬을 받을 수 있습니다. 물론 그것은 어디까지나 결과일 뿐이고, 목표로 삼아서는 안 된다는 것을 명심해야 합니다.

돈이 있어도
돈에 의존하지 마라

앞서 우리는 '원하는 것을 가지지 못하는 나는 가치가 없다'는 감정을 느끼지 않기 위해 욕망에 뚜껑을 덮고, 그 결과 인격이 비뚤어진다고 말했습니다.

돈에 대해서도 마찬가지입니다. 사실은 돈을 원하면서도 '돈에는 관심이 없다'며 억지로 참는 사람이 최근 경제 상황 속에서 눈에 띄게 늘어난 것 같습니다.

그 사람들을 겨냥해 '가난해도 괜찮잖아', '사람의 가치는 돈으로 결정되지 않아', '돈 많은 놈들이 나쁜 거야', '지금을 즐기자' 같은 메시지를 던지는 콘텐츠가 늘어나고 있는 것도 정말 심각한 문제라고 생각합니다.

혹시 그러한 위로를 바라고 이 책을 집어들었다면 정말 죄송합니다. 하지만 오기로 버티는 사람들의 마음을 달래는 듯한 메시지를 던지며 돈을 지불하게 해서 더 가난하게 만드는 것이야말로 죄스러운 행동이라고 생각합니다.

구두쇠 근성은 불행을 부른다

사실은 돈을 원하면서도 겉으로는 필요 없다고 말하는 사람은 결국 '돈이 없어도 풍요롭다'고 말하면서도 구두쇠처럼 행동하곤 합니다. 즉 궁상맞고 쩨쩨한 삶을 살게 되는 것입니다. 애초에 정말 돈이 없어도 된다고 생각한다면 인색하게 굴 필요도 없을 것입니다.

인색하게 구는 사람 중에는 정말로 가난한 사람도 있는가 하면 부자도 있습니다. 하지만 어느 쪽이든 불행해진다는 점에서는 다를 바가 없습니다. 또 그들의 불행은 주변 사람에게도 영향을 미칩니다.

저는 이 인색한 마음이야말로 돈이 우리에게 미치는 큰 해악 중 하나라고 생각합니다. 사실 필요에 의한 소비를 우선하는 것은 이 '인색함' 때문에 우리의 마음이 탁해지지 않게 하기 위함이기도 합니다.

저는 보통 사람들의 수준에서 보면 굉장히 가난한 삶을 사는 셈이지만, 한편으로 책상이나 문구류, 식재료나 조리 기구에는 쩨쩨하게 굴지 않고 사치스럽게 돈을 쓰고 있습니다. 필요한 것에만 돈을 쓰겠다고 마음먹으면 자연스럽게 돈에 여유가 생기기 때문입니다.

여유가 없으면 마트에 가서 1,000원짜리 중국산 표고버섯과 3,000원짜리 이와테현산 표고버섯 중 어느 것을 살지 고민해야 합니다. 그리고 내심 이와테현산 표고버섯이 더 좋다고 생각하면서도 아껴야 한다는 이유로 결국 중국산을 선택합니다. 물론 중국산이 나쁘다는 뜻은 아닙니다. 하지만 그 순간 느껴지는 패배감과 분노가 우리를 불행하게 만들죠. 그 감정이 바로 문제를 일으키는 것입니다.

가난한 사람이 되자는 이야기가 아니다

궁극적으로 돈이 있든 없든 행복할 수 있는 상태가 우리가 지향해야 하는 삶입니다.

그러기 위해서는 프롤로그에서도 적었듯이 한 번쯤 실험해 보는 것이 좋습니다. 자신이 과연 돈에서 자유롭게 살아갈 수 있는지 그리고 가능한 한 소비를 하지 않으면서 즐겁게 지낼 수 있는지를 하루만이라도 시험해 보는 것입니다. 소지품을 줄여 보고, 불필요한 소비를 자제해 보고, 정말 필요한 데만 돈을 쓰겠다고 결심해 보세요.

이러한 삶의 방식을 택해도 행복할 수 있음을 깨달으면, 돈을 쓴다고 해서 반드시 행복해지지는 않는다는 점을 마음 깊이 이해하게 될 것입니다. 다시 말해서 돈이 있어도 돈에 의존하지 않는 삶을 살 수 있게 됩니다. '빈곤'이라기보다는 '청빈'이라는 전통적인 말이 어울리는 삶인 것이죠.

우리가 진정으로 원하는 것은 내 뜻대로 살아가는 '자유'입니다. 그러나 마음속으로는 자유롭게 살고 싶다고 바라더라도 실현할 수 없다면 고통스러워질 뿐이죠.

진정으로 자신이 바라는 바와는 다른 욕망을 광고 때문에 세뇌당하거나, 자본주의의 가치관에 따라 간장은 2,000원이 적당하다고 단정 짓고 좋은 물건을 보고도 '비싸서 싫다'고 생각하는 등 무의식적으로 주입된 생각에 지배당하는 것만큼 괴로운 일은 없습니다. 그저 우리는 그 괴로움을 아직 눈치 채지 못했을 뿐입니다.

그래시 시험 삼아 한 번쯤 그러한 세상에서 도망쳐 보자는 것입니다. 그러면 내 뜻대로 살아가는 삶의 방식이 마음을 아주 편안하게 만든다는 것을 알 수 있습니다. 자유로워지기 때문이죠.

무작정 1만 5,000원짜리 간장을 사라는 말은 아닙니다. 그러나 맛있는 간장이나 된장을 원한다면 1만 5,000원짜리 간장이나 된장을 사고 불필요한 고가의 옷이나 가방, TV, 게임기, DVD, CD 등에 쓰는 돈을 줄이면 됩니다. 그러면 굳이 돈 때문에 곤란해지는 일은 없겠죠.

이러한 삶이 가능하려면 앞에서 이야기했던 욕망과 행복의 기본 메커니즘을 어느 정도 이해하고 있어야 합니다. 그 점을 이해하면 '욕망을 억제하는 것이 곧 행복'이라는 사실을 서서히 깨달을 수 있습니다.

욕망에 이끌려 사고 싶은 것에 돈을 쓰느라 정작 필요한 것에 인색해지는 일이 없어지기 때문에 결과적으로 구두쇠처럼 살지 않아도 됩니다. 그리고 필요한 물건은 모두 질 좋은 것을 사용한다는 자부심이 생깁니다.

따라서 이 책은 '돈 없는 가난한 사람이 되자'는 말이 아닙니다. 욕망에서 비롯된 소비를 멈추고, 필요에 따라 질 좋은 물건을 사고, 의미 있는 산업에 투자하는 자세로 변화해 나가는 것을 말합니다. 그리고 그 과정을 통해 욕망에서 자유로워져야 합니다.

가령 돈이 넉넉해도 소유물을 줄이고, 자극에 지배된 소비를 멈추고, 꼭 필요한 물건은 질 좋고 만족스러운 물건들로 갖춰서 돈에 지배당하지 않고 자유롭게 살아가자는 것입니다. 즉 돈으로 모든 걸 해결하려는 삶에서 돈에 의존하지 않는 삶으로 전환하는 것을 말합니다.

필연적으로 겉보기에는 가난한 삶 같겠지만, 그 안에 '행복'이 있다는 점에서 큰 차이가 있습니다. 그리고 얄궂게도 결국 돈이 남게 되기 때문에 자연스럽게 경제적 여유까지 생깁니다.

더 갖고 싶은 마음을 인정한다

물질에 집착하는 이유

욕망을 해결하는
세 가지 자세

마음속에 욕망이 생기면 그다음에 우리 마음에는 어떤 변화가 일어날까요? 아마도 다음의 세 가지 패턴이 나타날 것입니다.

① 욕망대로 실현한다.

② 다른 욕망의 자극으로 바꾸고 도망친다.

③ 욕망을 억누른다.

욕망을 해결하거나
욕망에서 도망치거나

먼저, 처음 두 가지 패턴부터 살펴보겠습니다.

첫 번째 패턴은 단순히 다른 고통으로 도망쳐 속이려 하지 않고 욕망을 제대로 해결하는 것입니다.

그렇게 해서 '아, 고통이 사라졌어. 행복해'라는 쾌감을 얻습니다. 10점만큼의 고통을 느끼면 10점만큼의 쾌락을 느끼고 고통이 줄어들죠. 이 과정의 폐해와 대처법에 대해서는 지금까지 충분히 다뤘으니 두 번째 패턴에 대해 더 자세히 이야기해 보겠습니다.

두 번째 패턴은 어떤 욕망이 실현 불가능하다고 생각될 때 새로운 욕망을 만들어 내는 것입니다.

예를 들어, 일이 잘 안 풀릴 때 쇼핑을 하거나 술을 마셔 스트레스를 해소하는 식입니다. 처음에 느꼈던 욕망이 실현되지 못해 생긴 고통을 새로운 자극으로 잊을 수 있기 때문에 일시적으로 기분이 좋아집니다.

하지만 이 방법은 그다지 효과적이지 않습니다. 처음에 느낀 고통의 크기가 10점이고 거기에 새로운 고통을 15점만큼 더하면 실제로 고통이 25점으로 늘어나는데도 10점만큼의 고통을 잊고 10점짜리 쾌락을 얻었다고 착각하기 때문입니다. 그래서 그 고통에서 벗어나기 위해 더 강하게 욕망하고 새로운 고통이라는 자극을 만들어 내는 것이죠. 결과적으로 고통만 계속 늘어나게 됩니다.

그래서 행복이라는 관점에서 보았을 때 두 번째 패턴보다 첫 번째 패턴이 조금 더 낫습니다. 욕망이 실현되지 않는 것보다 조금이라도 실현되는 편이 당연히 더 행복하기 때문입니다.

이렇게 말하면 이렇게 반박하는 분도 있을지 모릅니다.

"어? 불교에서는 욕망을 가지면 안 된다고 말하지 않나요? 애초에 욕망을 채우면 안 되는 것 아닌가요?"

하지만 불교에서는 욕망을 채우지 말라고 가르치지는 않습니다. 당연히 욕망이 없는 편이 더 좋겠으나 만약 있다면 차라리 욕망을 채우는 편이 낫습니다. 고통은 없애야 하지만, 욕망을 뿌리째 없애지 못한다면 채워야 한다고 생각하는 것이 더 바람직합니다.

왜냐하면 욕망이 채워지지 않은 사람은 주변 사람을 불행하게 만들기 때문이죠. 그러니 어떤 의미에서 우리에게는 욕망을 가진 이상 그 욕망을 제대로 채울 의무가 있다고 해도 좋을 것입니다.

욕망을 억누르는 태도의 문제점

문제는 세 번째 패턴입니다. 욕망을 처음부터 없었던 것처럼 덮어 두고 부정하는 태도입니다.

이들은 무언가를 강렬하게 원하는 사람을 보며 '바보 아냐?' 하며 손가락질하는데, 요즘 젊은 사람들 중에는 이러한 경향을 보이는 사람이 참 많은 것 같습니다. 특히 이들을 가리켜 초식화되었다거나 수동적이라고 평가하는 경우가 많은데요. 이들은 일이나 인간관계, 심지어 연애에도 열정을 보이지 않는다고 합니다.

그러나 앞서 이야기했듯이 이들은 욕망을 느끼지 않는 것도 아니고 초월한 것도 아닙니다. 사실은 정반대죠. 단지 욕망이 실현될 수 없을 것 같다는 생각 때문에 처음부터 욕망이 없었던 것처럼 행동할 뿐입니다. 두 번째 패턴처럼 좌절하고 고통스러워할 바에는 외면하는 게 낫다는 것이죠. 앞서 현실 속 인간보다 2차원 캐릭터가 더 좋다고 말하는 오타쿠 청년이 그 대표적인 예입니다.

욕망은 있습니다. 과거에도 있었고 지금도 있습니다. 하지만 과거에도 실현되지 않았고, 앞으로도 실현될 것 같지 않습니다. 그 가운데 욕망을 계속 느끼는 것은 너무 괴로운 일이죠. 무엇보다 자존심이 상처를 받습니다. 스스로를 인정하는 것마저 불가능해집니다. 그럴 바에는 먼저 원하지 않는 척하며 방어하려 합니다. 원래부터 필요 없었다며 쿨한 척하는 상황이 아닐까 추측합니다.

예를 들어, 좋아하는 사람에게 차인 사람이 이러한 말을 하는 것은 모두 세 번째 패턴에 해당합니다.

'아, 그런데 자세히 보니 그 애 코가 이상하게 생겼고, 사실 나는 전혀 안 좋아했던 것 같아.'

'정말 다행이야. 그렇게 성격 안 좋은 애랑은 안 사귀길 잘했어.'

만약 실제로 사귀었다면 마음에 안 드는 구석을 발견해도 '뭐, 세상에 완벽한 사람은 없으니까'라고 생각했을 것입니다. 하지만 사귀지 못했다는 이유로 '아, 다행이야. 저런 애랑은 별로 사귀고 싶지 않아' 하며 싫은 점을 부각시켜 마음의 위안으로 삼는 것이죠. 직업에 관해서도 마찬가지입니다.

예를 들어, 디자이너가 되고 싶었지만 되지 못했을 때

이렇게 생각하는 식입니다.

'디자이너가 됐다면 아침부터 밤까지 쉴 새 없이 일하고, 하기 싫은 일도 억지로 했을 거야. 그보다는 지금처럼 쉬엄쉬엄 일하면서 돈 버는 게 훨씬 낫지.'

당연히 마음에도 없는 소리일 것입니다.

그런데 왜 굳이 그러한 생각으로 합리화하는 걸까요? 사실은 현재 직업에 만족하지 못하기 때문입니다. 그래서 '디자이너 따위는 안 되길 잘했어'라며 스스로를 계속해서 다독여야만 하는 것이죠.

욕망이 사라진 것이 아니라
의욕을 잃어버린 것이다

대부분의 사람이 욕망이 없는 척하며 살아갑니다. 욕망을 억누르고 있는 셈이죠. 다시 말해, 욕망을 비틀어 폼을 잡고 있는 것입니다. 그래서 마음이 뒤틀리고 괴로움을 느낍니다. 이것이 바로 '만(慢)'의 번뇌입니다. 애초에 욕망이 없는 척하고, 무언가를 원하는 사람을 보며 손가락질하는 오만한 감정을 말합니다. 자만심의 '만'. 이 '만'의 번뇌가 욕망의 번뇌를 억누르고 있는 것입니다.

요즘에는 이성에게 관심 없는 척하는 사람을 멋지다고 생각하는 분위기가 만연합니다. 하지만 이러한 풍조 속에서 연애는 성립할 수 없습니다. 또한 현재 저출생이 심각한 사회 문제로 떠오르고 있죠. 아이를 낳고 안 낳고 이전에 결혼과 그 전제인 연애가 성립되기 어려운 배경에는 이 '만'의 번뇌가, 특히 남성들 사이에 만연하고 있기 때문이라고 말하면 지나칠까요?

과도한 인정 욕구를 채우기 위해 좋아하는 사람이 생겨도 먼저 고백하지 않는 경우도 있습니다. 왜냐하면 먼저 고백해서 상대가 나를 좋아하게 만드는 것보다 내가 굳이 원하지 않는데 상대가 먼저 다가오는 편이 더 강한 인정을 받은 것처럼 느껴지기 때문입니다. 스스로의 가치를 재확인할 수 있는 것이죠.

부끄러운 이야기지만 과거의 저 역시 그랬습니다. 당시 사귀고 있던 여자친구에게 '이래도 나를 좋아할 수 있겠냐'며 시험하듯이 제멋대로 굴었습니다. 돈이 없는 것도 아닌데 '돈이 없어서 그런데 월세 좀 내 줘'라며 에둘러

이별을 암시하기도 했습니다. 여자친구는 연상이었고 직장에 다니고 있었기 때문에 기꺼이 월세를 내 주었습니다. 한번은 일부러 비싼 코트를 가지고 싶다는 말을 꺼내기도 했는데, 역시나 사 주었습니다.

"정말 나를 좋아한다면 말하지 않아도 내가 뭘 원하는지 알아야지! 이번에 새로 나온 옷 너무 가지고 싶어!"

이렇게 투덜대며 그 옷이 실린 잡지를 여자친구가 볼 수 있게 펼쳐 두기도 했죠. 완전히 조건부 만남과 다를 바가 없었습니다.

그러한 주제에 저는 여자친구에게 단 한 번도 선물을 주지 않았습니다. 돈이 아까워서도 아니고, 그녀를 좋아하지 않아서도 아니었습니다. 선물을 주는 순간 그녀가 선물을 주는 나를 좋아할 뿐이고 있는 그대로의 나를 좋아하는 게 아닐지도 모른다는 의심이 드는 게 싫었기 때문입니다.

정말이지 한심한 남자였습니다. 저는 그녀에게 인정받고 있음을 끊임없이 시험하지 않고는 제 자신을 유지할 수 없었습니다. '만'의 번뇌는 점점 심해졌고 그야말로 진흙탕에 빠진 듯했습니다. 마음이 부서지는 듯했습니다.

하지만 정말로 무너져 내리기 직전 그녀가 병에 걸리고 나서야 정신을 차릴 수 있었습니다. 그와 동시에 당시 형식적으로 종파 불교의 승려였던 저는 진심으로 수행을 시작할 수 있었습니다.

욕망이 지나치면 무기력으로 이어진다

제가 지금 쿨한 척하는 젊은 남성들에게 신랄한 비판을 가하는 이유가 여기에 있습니다. 과거의 제가 바로 이 '만'의 번뇌에 지배당한 한심한 청년이었기 때문입니다. 그리고 그들의 내면의 고통을 누구보다 잘 알기 때문입니다.

버블 경제 시기까지의 남성들은 여성의 관심을 끌기 위해 고급 자동차를 사서 과시하거나 비싼 선물을 준비했다고 합니다. 언뜻 어리석은 행동처럼 보이지만 그러한 남성들의 소비가 경제를 떠받친 하나의 축이었다는 점도 부정할 수는 없습니다.

하지만 현재는 경제 상황이 악화되면서 연애 욕망 자체가 감소하고 그에 따라 소비가 줄어들어 악순환에 빠져 있는 듯합니다. 이 책의 취지에 잘 부합하지 않냐고 생각할 수도 있겠지만, 겉보기에는 같아 보여도 그 속은 완전히 다릅니다. 욕망에서 자유로워진 것은 아니기 때문이죠.

앞서 설명했듯이 지금의 상황은 어차피 실현할 수 없다는 이유로 욕망 자체를 억누르는 구조 속에서 모든 욕망을 묻어 버렸다고 표현해야 할지도 모릅니다. 심지어 그로 인해 생명력마저 잃어버린 듯해 보입니다. 다시 말해, 욕망이 사라진 것이 아니라 의욕을 잃어버린 것입니다.

비슷한 현상은 주식 투자에도 나타납니다. 최근까지만 해도 저축보다 투자가 중요하다며 정부와 민간 모두 투자를 권장하는 분위기가 강했습니다. 하지만 세계적인 경제 위기가 닥친 후 많은 사람이 보유하고 있던 주가가 하락했습니다. 그 결과 어떤 일이 벌어졌을까요?

공격적으로 주식 투자를 해서 큰 손해를 본 사람일수록 자신이 가진 주식의 가격을 보려 하지 않았습니다. 떨어지는 주가를 볼 때마다 기분만 나빠질 테니 그야 당연합니다. 손해를 보고 있다는 것 자체도 괴롭겠지만, 판단 미스를 저지른 자신을 매번 마주해야 한다는 사실이 더 괴로웠을 것입니다.

주가를 확인할 때마다 자존심에 상처를 입고, 스스로를 책망하는 괴로운 경험을 해야 하는 것입니다. 이때 '주가는 다시 볼 필요가 없다'고 반응하는 것은 '분(瞋)'인데, 즉 분노의 번뇌에 사로잡힌 것입니다. 이것은 누구를 향한 분노일까요? 다름 아닌 자신의 욕망에 대한 분노입니다. 그 분노 때문에 사람들은 자신의 욕망을 억누르는 것입니다.

그렇게 자신이 품은 욕망에 대한 분노는 이른바 '무기력'이라는 형태로 나타납니다. 나른하고, 허탈하고, 음침한 상태입니다. 거듭 말하지만, 결코 욕망이 없는 게 아니라 '만'의 번뇌에 의해 그 욕망 위에 더 강력한 자극인 '분노'라는 뚜껑이 덮여 욕망이 봉인된 것입니다. 그리고 이 분노가 내면을 향해 스스로를 공격해서 결과적으로 무기력해지는 것이죠.

인정받고 싶은 마음이 소비를 부추긴다

사람들은 자신이 구매한 주식 가격이 떨어지고 있다는 사실을 굳이 확인하지 않아도 알고 있습니다. 가능하다면 잊고 싶겠지만, 늘 마음을 콕콕 찌릅니다. 왜냐하면 우리의 뇌는 고통이라는 자극을 순수하게 잊을 수 없기 때문이죠. 다른 자극을 억지로 덮어 씌워 속이고 묻어 둘 수밖에 없는 것입니다. 이는 앞서 설명한 욕망의 두 번째 패턴에 해당합니다.

이 패턴에 빠지면 스트레스를 많이 받는 사람일수록

폭식과 폭음, 자극적인 영화나 음악, 도박, 마약, 폭력 등과 같은 더 강한 자극을 찾아 나서게 됩니다. 10점짜리 고통을 잊기 위해 20점, 30점…, 점점 더 강한 자극이 필요해집니다.

술, 코미디, 섹스에 돈을 쓰는 이유

이처럼 강렬한 자극은 받아들이기 힘든 현실을 잠시 잊을 수 있게 합니다. 술을 마시거나 폭식을 하면 머리가 멍해지기 때문입니다. 잠자는 것을 좋아하는 사람도 많은데, 그 이유는 잠을 자는 동안에는 현실을 잊을 수 있기 때문입니다. 어둠의 경로를 통해 점차 퍼져 나가고 있는 마약이야말로 현실을 잊을 수 있는 강렬한 자극을 주죠.

코미디는 시대를 막론하고 큰 인기를 끄는데, 이 역시 '하하하' 웃는 동안만큼은 스트레스를 잊을 수 있기 때문이 아닐까요? 모두가 한마음으로 남을 조롱하는 개그 프로그램을 즐기는 것은 그만큼 무력감과 스트레스가 늘고 있는 게 아닐까 생각합니다. 그리고 이처럼 강렬한 자극을 주는 물건을 원하는 욕구 때문에 불행한 소비 행태에 빠지는 사람도 적지 않습니다.

또 하나, 인간에게 가장 큰 도피처 중 하나인 섹스에 대해 언급하지 않을 수 없습니다. 섹스는 다른 어떤 것으로도 대체할 수 없는 강한 자극, 자아를 날려 버릴 만큼 강렬한 자극이 있기 때문입니다. 초식남으로 상징되듯이 현대인의 성욕이 점차 감퇴하고 있다고 하지만, 이 역시 앞선 설명과 마찬가지로 '필요 없는 척'하는 것뿐입니다.

성인용 PC 게임 시장이 매우 큰 규모를 자랑하고 있는 것이 그 증거죠. 종래의 비디오 플레이어나 DVD 플레이어처럼 새로운 기기가 보급될 수 있었던 것은 늘 남성의 성욕을 채워 주는 상품이 많이 팔렸기 때문인데, 이 흐름은 지금도 여전합니다. 소위 성과 관련된 산업에서 움직이는 자금의 규모는 상상을 초월한다고 하고, 그 내용은 점점 더 자극적으로 변하고 있습니다. 이처럼 거대한 시장이 형성될 수 있었던 이유는 그만큼 많은 사람이 현실에서 도피하고 싶어 하고, 거기에 기꺼이 돈을 쓰기 때문일 것입니다.

그러나 '만'과 '분'의 번뇌로 인해 성욕이 없는 척하는 사람들이 있는가 하면 아주 문란한 성생활을 하는 사람도 많습니다. 마치 동전의 양면과도 같은 세계이지 않은가요? 더 강한 자극을 주입하는 성인용품이 더 많이 유통되고, 과격함을 부추기는 성 산업이 번성하고, 그와 관련된 게임이나 만화가 인기를 끌고 있습니다. 하지만 이 자극은 고통의 다른 이름일 뿐입니다. 이것이 현실 도피를 위한 오락이 가진 한계인 것이죠.

나의 가치를 가격표로 증명하려 하지 말 것

대부분의 사람은 욕망에 일종의 분노의 뚜껑을 덮고 살아갑니다. 앞서 말한 '만'은 이 분노의 뚜껑을 고정하는 접착제 같은 것이라고 이해해도 좋습니다. 평소 이 분노를 억누르고 싶어도 그럴 수 없는 이유는 '만'이 그것을 꼭 붙잡고 있기 때문입니다. '만'이라는 것은 더 쉽게 표현하자면 자존심입니다. 그리고 그 자존심은 인정 욕구라고 바꿔 말할 수도 있죠.

즉 '만'이라는 번뇌는 자신의 존재 가치, 상품 가치, 가격표를 어떻게든 높이고 싶은 욕망입니다. 그리고 다른 사람에게 인정받기를 간절히 원하는 번뇌입니다. 이 '만'의 번뇌야말로 현재 우리를 뒤덮고 있는 폐쇄감, 무력감과 깊이 연결되어 있습니다.

우리는 모두 크든 작든 다양한 상황에서 무력감을 느끼며 살아갑니다. '이 세상에 나 하나쯤은 사라져도 아무 일도 일어나지 않겠지?'라고 생각합니다.

'내가 없어도 회사는 잘 돌아가지 않을까?'

'내 애인은 내가 사라져도 다른 사람을 만나서 행복해지지 않을까?'

'내가 사라져도 우리 가족은 어떻게든 잘 살지 않을까?'

'그러면 대체 나라는 사람이 있어야 할 곳은 어디일까?'

이러한 무력감 때문에 설령 연봉이 10억 원에 이르고 자신에게 10억이라는 가격표가 붙었다 해도, 큰 회사의 사장으로 직원들에게 존경을 받는다 해도, 유명 연예인으로 팬들에게 많은 사랑을 받아도 그 이면에 존재하는 하나의 인간으로서의 존재 가치는 300원 정도에 불과하다고 느끼는 것입니다.

결국 자신에게 돈과 명예가 없어도 상대방이 진심으로 자신을 인정해 주는지 확인하려 합니다. 이것은 마치 제가 과거의 연인에게 했던 행동과도 같습니다. 상대방에게 모질게 굴어도 여전히 나를 좋아해 주는지 시험하고, 선물을 받았다는 이유로 나를 좋아하는 건 싫으니 절대로 선물을 주지 않는 식입니다.

연봉이 아무리 늘어나도 그 10억 원, 20억 원이라는 가격표 뒷면에는 작고 희미한 글씨로 300원이라고 적혀 있는 셈입니다. 그리고 그 숫자는 어느새 200원이 되고, 100원이 되더니 급기야 10원까지 점점 떨어지죠.

그 무력감을 어떻게든 없애고 싶은 마음에 '만'의 번뇌를 점점 키워 나갑니다. 이것이 바로 현대를 살아가는 우리가 처한 현실이 아닐까요?

가져도 가져도
만족할 수 없는 이유

앞서 이야기했듯이 우리는 무엇을 가지고 있는가를 통해 정체성을 만들려고 합니다.

'이것과 저것을 가진 나는 이러한 욕구를 충족하고 있는 존재다.

'나는 가치 있는 사람이다.'

이러한 식으로 착각할 수 있습니다. 말하자면 자기 자

신을 스스로에게 보여 주고 높이 평가하게 하기 위해 물건을 소유하는 것입니다.

결국 이걸 소유하지 않으면 나는 쓸모없는 인간이라고 믿어 버리는 나약한 마음이 있기 때문에 소유물로 무장해서 마음을 감추는 것입니다. 가치가 없는 사람이 아닌 척을 하는 것이죠.

광고는 이러한 우리의 행동 양식을 역으로 이용합니다. 멋진 인물이 그 물건을 사용하며 행복해하는 모습을 보여 주고, '당신에게는 이 물건이 없죠? 이것 좀 보세요. 이것만 있으면 당신도 이 사람처럼 행복해질 수 있어요'라는 이미지를 만들어 내서 우리가 물건을 소유하게 하는 것이라고 할 수 있습니다.

사실 그 인물이 멋져 보이는 것은 전혀 다른 요인 때문임에도 마치 그 물건을 사용하고 있기 때문인 것처럼 보이게 만듭니다. 소비자에게 '아, 나한테 이게 없어서 저 사람처럼 될 수 없었던 거구나' 하는 생각을 심어 주죠.

소유욕이 늘어날수록
불안감은 커진다

　우리는 누구나 늘 무의식적으로 '나는 지금 이대로 괜찮은 걸까?'라는 물음을 스스로에게 던지고, 작은 불안을 숨기며 살아갑니다. 그리고 우리는 '그대로도 괜찮다'는 안이한 대답을 바라면서 안심하려 하죠.

　하지만 있는 그대로의 자신을 인정하기란 굉장히 어려운 일이고 자연스레 불안이 뒤따릅니다. 그래서 우리는 물건을 소유함으로써 스스로를 지탱하려 하는 것입니다. 이때 소유물은 물질적인 것에 한정되지 않습니다. 자격증, 학력, 직업과 지위, 인간관계조차도 소유물입니다. 연인을 가지고, 배우자를 가지고, 가족을 가지고, 돈을 가지는 등의 형태로 소유를 늘려 감으로써 마음의 안정을 얻으려 합니다. 그래서 마음이 불안정한 사람일수록 소유해야만 하는 것들이 많아집니다.

　그런데 문제는 소유물이 늘어날수록 그만큼 불안감도 커진다는 점입니다. 아이러니하게도 불안을 없애기 위해

늘린 소유물이 오히려 새로운 불안을 불러옵니다.

예를 들어, 자녀를 가지는 것을 생각해 보면 쉽게 이해할 수 있습니다. 아이가 태어나는 순간부터 내 아이가 다른 아이들처럼 건강하게 자라기를 바라고, 좋은 학교에 들어가서 좋은 성적을 거두고, 운동도 잘하길 바랍니다. 또 좋은 회사에 들어가서 좋은 사람을 만나 결혼하길 바랍니다. 이처럼 아이를 가짐으로써 간접적으로 부모인 나의 소유물도 늘어나는 것입니다. 그리고 그것은 결국 자기 자신을 평가하기 위한 수단이 되죠. '이러한 자식을 둔 나는 괜찮은 사람이다'라고 스스로 평가하기 위해 새로운 리스트를 계속 늘려 갑니다. 그러나 그 과정에서 마음속 메모리는 점점 잡음투성이가 되어 버리죠.

이것이 우리가 가진 '소유욕'의 첫 번째 측면입니다. 즉 자신을 스스로 인정하기 위해 물건을 소유하려 한다는 것입니다.

그리고 또 다른 측면은 타인의 평가입니다. 이런저런 물건을 소유하면 우리 주변의 사람들도 그에 맞춰 나를 평가해 줍니다. 자기 평가만으로는 스스로를 지탱할 수 없기 때문에 타인의 시선도 하나의 버팀목으로 삼으려는 것입니다. 즉 자기 평가와 타인 평가라는 2개의 기둥으로 지탱하려는 것이죠.

하지만 이것은 위험한 습관입니다. 항상 칭찬을 받지 않으면 견딜 수 없습니다. 조금이라도 실패하거나 비난을 당하고 조금이라도 원하는 만큼 대우받지 못하면 좌절하게 됩니다.

'나는 제대로 인정받지 못하고 있어.'
'좋은 평가를 받지 못했어.'

그야말로 유리 같은 심장은 점점 상처받기 쉬워집니다. 그래서 우리는 더 많은 주식을 사고, 헬리콥터를 사고, 회사를 사고, 심지어 지구 전체를 정복하려는 기세로 소유를 갈망하게 됩니다. 이처럼 우리는 더 많은 것을 소유하고 마음을 점점 혼란스럽게 만듭니다.

무아의 경지에 이를 때
마음은 쉽게 흔들린다

애초에 우리는 왜 돈을 원할까요? 안심하기 위해서? 자신을 지키기 위해서? 지배하기 위해서? 한마디로 말하자면 행복해지기 위해서입니다. 혹은 불행해지지 않기 위해서입니다.

그런데 지금까지 살펴본 바와 같이 우리 마음속에는 그다지 우수하다고는 할 수 없는 프로그램이 내장되어 있죠. 그 탓에 우리는 진짜 행복이 아닌 거짓된 행복을 추구하고 결국 불행에까지 이르게 됩니다.

그것이 바로 우리의 현실입니다. 앞으로 이어질 내용
에서는 행복해지기 위한 돈 사용법에 대해 생각해 보려
합니다. 그에 앞서 먼저 행복이란 과연 무엇인지 그리고
우리는 어떻게 해서 불행해지는지 살펴보겠습니다.

고통을 쾌락으로
착각하게 만드는 프로그램

지금까지 말씀드린 것처럼 우리 마음은 데이터를 제멋
대로 바꿔 쓰는 특성이 있습니다. 본질적으로는 고통일
뿐인데 그 고통의 크기와 내용이 달라졌다는 이유만으로
마음속에서 제멋대로 '기분이 좋다'고 인식해 폭주해 버
리죠.

'가짜 쾌락을 미끼 삼아 고통이라는 자극으로 채찍질해
서 마구 내달리게 만들면 인간들은 적당히 안달하며 움
직일 거야.'

어설픈 프로그램이 우리 안에 설치되었다고 생각할 수밖에 없습니다.

이른바 DNA의 덫이라 불러야 할 이 구조에 대해 불교가 하는 일은 마음이 정보를 다시 쓰려고 하는 그 순간을 포착해서 멈추게 하는 것입니다. 이렇게 대충 설치되어 있는 '업(karma)'의 프로그램을 방치하면 우리는 결국 행복해질 수 없기 때문입니다.

물론 어떤 사람들은 고통을 끌어안은 채 업이 이끄는 대로 나아가 성공을 거두기도 합니다. 하지만 성공한 것처럼 보여도 내면은 불행하거나 끊임없이 고통에 시달리는 경우가 많아서 결코 진정으로 행복한 것이라고는 말할 수 없습니다.

사실 그 정도면 그나마 나은 편이고, 대다수는 고통에 시달리다가 실패하고 결국 무엇 하나 뜻대로 되지 않은 채 끝나 버립니다.

요약하자면 주관적으로는 행복하다고 착각하지만 실

제로는 불행하기 때문에 어느 순간 들통이 나거나 처음부터 주관적으로도 현실적으로도 불행을 느끼게 됩니다. 결국 어느 쪽이든 결과적으로 행복하지는 않은 것이죠. 늘 고통에 시달린다는 점에서는 다를 바가 없습니다. 곰곰이 생각해 보면 꽤 잔혹한 프로그램인데, 이것이 우리에게 이미 설치되어 있는 이상 어쩔 도리가 없습니다.

우리가 할 수 있는 일이라고는 이 프로그램을 제대로 마주하고, 마음이 데이터를 다시 쓰고 프로그램의 진행을 가속시키는 것을 일단 정지시키는 것뿐입니다. 그 제어 강도를 높이는 것이 불도의 수행 목적이자 깨달음에 이르는 과정입니다.

이야기를 계속하기에 앞서 '무아'라는 경지에 대해 살펴볼 필요가 있습니다. 지금까지 욕망과 고통, 쾌락에 대해 다양한 각도에서 이야기해 왔는데, 그 모든 것은 결국 미리 설치된 프로그램에 따라 자동으로 진행될 뿐이고, 우리의 의지가 개입할 여지는 극히 제한적입니다.

어떤 자극을 받아 고통을 느낀다.

→ 그 고통을 해소하기 위해 욕망의 세 가지 자세 중 하나로 발버둥친다.

이 역시 우리가 의식하지 못한 채 거의 자동으로 일어나는 반응입니다. 우리가 의식적으로 반응을 선택하는 것이 아니죠. 반응 속도가 너무 빨라서 도저히 따라잡을 수 없는 상태입니다.

예를 들어, 누군가에게 칭찬을 받았다고 해 봅시다. 기쁜 일이죠. 하지만 기쁨을 느끼기 위해 마음속에서는 엄청난 속도로 그 칭찬에 대한 정보 처리가 일어납니다. 과거에 칭찬받았던 경험, 칭찬받지 못했던 기억이 한꺼번에 주르르 떠오릅니다.

'그때는 칭찬을 못 받았지.'
'저때도 칭찬을 못 받았지.'
'하지만 지금은 칭찬받았으니까 그때의 고통이 조금 상

쇄됐어.'

‘고통이 줄었어.'

‘기분 좋아.'

이 흐름을 통해 마침내 ‘쾌락’이라는 착각이 생기는 것입니다. 한편, 마음 깊은 곳에서는 다음과 같은 정보도 동시에 처리됩니다.

‘아, 이러면 칭찬받을 수 있구나. 인정받을 수 있구나.'

‘이걸 못하면 부정당하는구나. 인정받지 못하는구나.'

고통이 증가하는 것이죠.

마음 깊은 곳에서는 ‘고통이 커졌어. 자, 어서 고통을 느껴!'라는 명령이 내려오지만, 마음의 표면은 ‘이제 고통이 줄었어. 기분이 좋아질 거야. 어서 웃어 봐'라는 명령을 내립니다. 우리는 그 표면적인 명령에 따라 움직이게 되는 것입니다.

무아의 경지에 이를 때
마음속에서 일어나는 일

이처럼 마음의 정보 처리 과정은 빠른 데다가 거의 자동으로 진행됩니다. 자아가 개입할 여지가 없다는 잔혹한 사실이 바로 '무아'의 본질입니다. '무아'라고 하면 '무아의 경지'처럼 긍정적인 의미로 쓰이고는 하지만, 제가 보기에 무아는 오히려 잔혹한 사실입니다.

명상을 통해 마음속을 깊이 들여다보면 볼수록 어떤 자극이 입력되자마자 뇌가 제멋대로 정보를 처리하고, 제멋대로 정한 반응을 출력하고 있다는 사실을 알 수 있습니다. 이는 화학 반응만큼이나 정확합니다. 그 과정에서 '자아'가 제어할 여지는 전혀 없습니다. 스스로 조작할 수 있는 여지는 전혀 없고, 자아가 아닌 프로그램에 따라 제멋대로 반응이 일어납니다.

이 프로그램을 좀 더 구체적으로 묘사해 보면 다음과 같습니다.

① 머릿속 컴퓨터에 어떤 자극이 입력된다.

② '삐삐삐' 하며 제멋대로 반응이 일어난다.

③ 그 반응을 따라 언어 데이터가 머릿속에 떠오른다.

④ 그 데이터가 자막처럼 흐르고 명령을 내린다.

⑤ 그 명령이 저절로 입 밖으로 튀어나온다.

⑥ 그렇게 말하거나 생각한 데이터가 다시 자극이 되
어 마음에 강하게 새겨진다.

⑦ 이 과정이 습관처럼 굳어지고 결국 집착으로 이어
진다.

마치 전기 자극을 받은 실험용 생쥐가 '찍찍찍' 하고 반
응하는 것과 본질적으로 다르지 않습니다.
이를 다른 방식으로 표현하면 다음과 같습니다.

① 마음에 드는 상품을 보고 10점만큼의 자극을 받으
면 흥분해서 원래 느꼈던 5점만큼의 불쾌한 자극을
잊는다.

② 기분이 좋다고 착각해서 자동적으로 욕망이 솟아오르며 그 욕망에 휘둘리게 된다.

③ 기분이 좋다는 착각이 약해질수록 원래 느꼈던 불쾌한 자극도 되살아나고, 결국 둘의 합계인 15점만큼의 고통이 남는다.

④ 여기에 더 큰 자극이 가해져 고통이 더 커지면 뇌에서 '화를 내라'는 명령이 떨어지고, 자동적으로 불쾌한 표정을 짓는 등 몸이 저절로 반응해 버린다.

⑤ 억지로 웃으려 봐도 웃지 못하고 긴장하거나 경우에 따라서는 말이나 행동을 통해 분노가 노골적으로 드러난다.

⑥ 그것이 새로운 자극이 되어 뇌가 반응을 보인다.

⑦ 이 과정이 반복되면서 중독된다.

이처럼 우리의 마음은 입력이 있으면 일정한 방향으로 조건화되는 아주 조잡한 프로그램입니다. 그리고 이처럼 조종당한다는 사실을 문득 깨달아 '자아'라는 착각이 무너지는 상태가 바로 '무아'의 경지입니다.

요컨대 우리는 스스로 자신을 움직이고 있다고 생각하지만, 마음을 잘 분석해 보면 입력에 따라 정해진 반응을 할 뿐이고, 결국 무아의 경지란 우리가 로봇과 전혀 다를 바 없는 존재라는 사실을 차분하게 받아들이고 있는 상태라고도 할 수 있습니다.

돈 쓰기 전에 알아야 할
행복의 조건

자, 지금까지 우리는 자극에 의해 자동적으로 움직이고 있을 뿐이라는 이야기를 해 왔습니다. 그리고 그러한 가운데 불도가 할 수 있는 일은 마음이 데이터를 다시 쓰려는 그 순간 자동 조종 시스템을 멈추는 것이라고 설명했습니다. 그렇다면 어떻게 해야 그 시스템을 멈출 수 있을까요?

지금부터 그 방법을 알아보고, 돈과 행복에 대해서도 좀 더 생각해 보겠습니다.

첫 번째 행복의 조건,
집중력을 기른다

순식간에 일어나는 착각을 '쾌락'이라고 느끼면 필요하지도 않은 물건을 사고 싶어지고 마음속에 잡음이 늘어납니다. 그렇다면 일시적인 착각이 아닌, 오래 지속될 수 있는 행복이란 어떤 것일까요?

정신이 한곳에 집중되어 있는 상태가 바로 진정으로 행복한 상태입니다. 환각이 아닌 진짜 행복은 바로 그곳에 있습니다. 겉보기에는 집중하고 있는 것처럼 보여도 마음속에서는 우리의 의지와 무관하게(무아) 엄청난 속도로 정보 처리가 이루어지고, 의식은 맹렬한 속도로 이리저리 날아다닙니다. 이러한 마음의 폭주를 집중을 통해 멈추는 것이야말로 행복의 필요조건입니다.

우리 마음속에서 정보가 처리되는 흐름을 잘 관찰해서 마음이 엉뚱한 방향으로 미끄러지지 않도록 지켜보는 것이 중요합니다. 앞서 언급한 자극적인 오락 상품에 순간적으로 집중하게 만드는 힘이 있는 것은 사실입니다. 자극적인 상품에 익숙해지면 다음과 같은 조건이 붙어 위험합니다.

'자극이 강한 것에는 집중할 수 있지만, 자극이 약한 평범한 일이나 인간관계에는 집중할 수 없다.'

그런데 세상에는 집중하기 쉬운 일과 집중하기 어려운 일이 있습니다.

예를 들어, 농사일은 비교적 집중하기 쉬운 일이라고 할 수 있습니다. 단순 작업은 어떤 의미에서 쉽게 집중할 수 있고, 그만큼 계속해서 행복을 느낄 수 있는 일입니다. 반대로 두뇌 노동, 특히 커뮤니케이션이 많이 필요한 일일수록 집중하기가 어려워집니다. 영업직이나 판매직은 그러한 의미에서 고도의 업무라고 할 수 있습니다.

무엇보다 우리의 가장 큰 관심사는 '나는 지금 인정받고 있는가'인데요. 사람을 상대하는 일에서는 상대의 반응을 통해 자신이 인정받거나 거절당하는 자극을 매번 느껴야 하기 때문입니다.

인정받는 데 성공했다면 성공한 대로 '아, 난 대단해'라는 '우월감'이 생겨서 욕망이 더욱 비대해질 위험이 있고, 거절당하면 거절당한 대로 '난 역시 별로야'라는 '열등감'이 자극되어 불쾌감을 느낍니다. 그러한 자극은 마치 전기 충격처럼 작용해 앞서 언급한 고통과 쾌락의 순환 사이클이 시작되는 것이죠.

하지만 집중하기 어려운 일이라 해도 집중할 수 있는 사람도 있습니다. 그것이야말로 '집중력'입니다. 정신을 통일시키는 능력이라고도 할 수 있는데요. 입력된 정보를 마음이 멋대로 처리하고 명령을 내리는 것을 멈추게 하는 능력, 생각이 여기저기 확산되어 제멋대로 회전하는 것을 멈추는 능력, 사고에 휘둘리지 않고 스스로 컨트롤할 수 있는 능력입니다. 이렇게 멈추는 능력을 기르는 것이 불도의 근간 중 하나입니다.

두 번째 행복의 조건,
생각대로 실천한다

앞서 행복을 느끼기 위해서는 '집중'이라는 정신 통일이 전제가 되어야 한다고 이야기했는데 행복을 느끼는 상태에는 몇 가지 특징이 있습니다.

그중 하나는 어떤 일이 자신이 의도한 대로 되고 있다는 점입니다. 이것이 생각보다 어려운 일이라는 것은 이 책을 읽고 있는 독자라면 누구나 공감할 것입니다.

'만화만 보는 대신 좀 더 유익한 일을 하고 싶다고 생각은 하면서도 결국 또다시 만화를 읽는다.'

'담배를 끊고 싶지만 결국 끊지 못한다.'

'오늘은 꼭 아이에게 다정한 말을 건네며 하루를 보내고 싶다고 다짐했지만 또 무심한 말을 내뱉었다.'

'이번 달에는 꼭 불필요한 소비를 줄이겠다고 결심했는데, 막상 쇼핑을 하러 가면 또 쓸데없는 물건을 산다.'

'과감하게 돈을 쓰겠다고 마음먹었지만 결국 또 인색해

지고 말았다.'

　이처럼 '이렇게 하고 싶다'고 생각하면서도 마음이 제멋대로 움직여서 다르게 행동하는 일이 종종 벌어집니다. 번뇌가 '이렇게 하고 싶다'는 자신의 뜻보다 더 강한 자극을 일으켜서 우리를 지배하기 때문입니다. 번뇌를 따르면 그 순간에는 기분이 좋을지 모릅니다. 하지만 그것은 진정한 행복이 아닙니다.

　예를 들어, 광고를 보기 전까지는 가지고 싶다고 생각해 본 적도 없는 물건을 광고를 보자마자 욕심이 생겨 충동적으로 구매했을 때 우리는 정말 행복해진 걸까요? 그렇지 않습니다. 아무래도 잠재의식 속에서는 '광고에 속아서 샀다'는 불쾌감과 내 마음이 '내 뜻대로 움직이지 않았다'는 사실을 똑똑히 마주해야 하기 때문입니다.

　혹은 어떤 물건을 사야겠다고 마음먹었지만 너무 비싸다고 느껴지면 결국 사지 않는데, 그때도 생각대로 되지 않은 셈이니 '고통'이 늘어납니다. 따라서 저는 가격에 휘둘리지 말고 사기로 마음먹었다면 주저없이 사는 것을 추천하는데, 그러려면 둘 중 하나입니다.

'돈이 남아돈다.'
'욕망 자체가 크지 않고, 원하는 것이 많지 않아서 물건 하나에 큰돈을 지불하더라도 괜찮을 수 있다.'

어느 쪽이든 마음이 뜻대로 되지 않는 한 우리는 진정한 의미에서의 행복을 느낄 수 없습니다.

세 번째 행복의 조건,
망설이지 않는다

여러분은 지금 하는 일에 100퍼센트 만족하고 있나요? 한 번도 '다른 일을 해 볼까' 생각해 본 적 없나요?

옷을 고를 때는 어떤가요? 고민 끝에 겨우 마음먹고 샀는데 '이거 말고 다른 걸 샀어야 했나' 하며 후회한 적 없나요? 그래서 마음이 콕콕 찌르듯이 아프진 않았나요?

혹은 무슨 말을 하고 나서 '그렇게 말하는 게 맞았을까', '그 사람은 어떻게 생각했을까' 하고 찜찜한 감정을 느낀 적은 없었나요?

사실 우리 마음이라는 것은 늘 이리저리 헤매고 있습니다. 망설이고 있는 것이죠. 이것을 불교 용어로 '의(疑)'라고 부릅니다. 이러한 감정이 마음에 남아 있으면 그것이 마음을 혼란스럽게 하고, 고통을 불러일으킵니다.

반대로, 지금 내가 하고 있는 일이 분명히 옳다는 확신이 있는 상태를 불교 용어로는 '신(信)'이라고 말합니다. '부처님을 믿는다(신앙한다)'고 할 때의 '신'과 같지만, 본래 의미는 '확신하다'의 '신', 즉 망설임이 없는 상태를 의미합니다.

일반적으로 평범하게 살아가는 사람들은 많든 적든 반

드시 '의'의 상태에 놓여 있습니다. 극단적인 예를 들자면, 죽고 싶다고 믿고 있는 사람도 마음 한편에서는 '그래도 살아남고 싶다'고 생각하기 마련입니다. 죽기 직전까지도 속으로는 '역시 그만둘까?' 하는 망설임이 고개를 들기도 합니다. 다만, 그 흔들리는 마음이 우연히 '죽어 버리고 싶다'는 쪽으로 기울었을 때, 마음이 훌쩍 죽음을 향해 버리는 것뿐입니다.

반대로, 아주 활기차게 잘 살고 있다고 생각하는 사람도, 마음 한구석에서는 '피곤하다… 죽으면 편해질까?'라는 생각이 어렴풋이 있을지도 모릅니다.

어떤 정보에 관해서든 대개는 상반된 감정이 존재하는 것이죠. 다만, 그 순간 우연히 그중 하나가 더 강하게 작용할 뿐입니다.

예를 들어, 지금 하고 있는 일에 만족하고 있다고 생각해도 실제로는 인간관계에서 스트레스를 느끼거나, 마음 한편에서는 '더 이상적인 일을 할 수는 없을까' 하며 결핍을 느끼기 마련입니다. 그래서 '나는 100퍼센트 행복하다'고 착각하는 사람일수록 막상 모든 것이 뒤집혔을 때 더 위험할 수 있습니다.

마음 깊은 곳에 숨겨져 있는 것을 보지 않으려 한 만큼, 어느 순간 어떤 계기로 억눌러왔던 감정이 갑작스레 튀어나와 지금까지 해 오던 것들을 그만두고 싶어질 가능성이 있기 때문이죠.

즉 우리는 '이게 절대적으로 옳아'라고는 생각하지 못합니다. 대부분의 경우, 8 대 2 혹은 7 대 3처럼 더 마음이 가는 쪽을 택할 뿐입니다. 그리고 이 100퍼센트가 아닌 나머지 부분이 우리의 행복을 뒤에서 슬며시 위협하고 있는 것입니다.

그래서 이 비율이 6 대 4처럼 팽팽하게 맞서면 꽤나 괴로워집니다. 왜냐하면 그 4에 해당하는 쪽을 억지로 눌러야 하기 때문입니다. 그리고 언젠가 그 균형이 뒤바뀌는 순간, 지금까지 좋다고 생각했던 요소가 전부 무너지고, 그와 함께 행복도 산산이 부서져 버립니다.

즉 무언가에 집중하고 몰입할 때 문득 '하지만 저쪽이

더 낫지 않을까?' 같은 생각이 떠오르면 그 순간 행복은 멀어지고 맙니다. 행복을 위해서는 '신', 즉 지금 내가 하고 있는 일이 옳다는 확신이 꼭 필요합니다.

이렇게 생각하려면 쇼핑을 할 때 자신에게 꼭 필요한 물건을 미리 확실히 정해 두고, 쓸데없이 망설이느라 시간을 낭비해선 안 됩니다. '망설임' 자체가 자극이 되고, 마음이 그 자극에 중독되어 버리기 때문입니다. 반드시 조심해야 합니다.

이제 여기서 다시 '소유물'에 대해 생각해 봅시다. 원래 마음이라는 것은 멋대로 이리저리 튀어다니고, 욕망에서 또 다른 욕망으로 계속 미끄러져 가는 속성이 있기 때문에 이러한 '망설임'을 없애려면 정신이 통일되어 있어야 합니다. 그런데 가진 것이 많으면 마음이 자신이 가진 물건이나 집착하는 대상에 더 쉽게 이리저리 튀어다니게 됩니다. 그래서 정신 통일이 더 어려워지고, 유혹도 많아지는 것입니다.

그러면 앞서 이야기한 '뜻대로 되지 않는다'는 감각 또한 강해집니다. 인간관계든 쇼핑이든 조금 전까지만 해도 이렇게 생각했는데 지금은 다른 걸 원하고 있으니 말입니다.

즉 소유물이 많아져서 '신', 즉 확신이 있는 상태가 사라지는 동시에 '내 뜻대로 되지 않는 느낌'도 함께 생겨나는 것입니다. 게다가 욕망의 잡음이 늘어나면 마음의 기억 용량이 잡아먹혀 명확한 사고가 어려워지는 측면도 있었습니다.

'이건 내 거야. 저것도 내 거야. 이걸 가진 나는 멋져. 이걸 가지고 있으니까 괜찮아.'

이 같은 마음의 소리가 늘어나서 그 목소리에 스스로 세뇌당하는 만큼 앞서 말한 정신 통일은 쉽게 무너져 버리는 것입니다.

같은 이유로, 자신의 형편에 맞지 않는 물건을 할부로

사는 것도 추천하지 않습니다. '앞으로 이만큼을 더 갚아야 해'라는 잡음이 기억을 불쾌하게 자극해서 쓸데없는 자극이 더해지기 때문입니다.

어떻게 해야 좋을까요? 행복해지는 방법을 알려 줄 것처럼 말해 놓고 계속 비관적인 이야기만 해서 '도대체 어떻게 하라는 말인지 모르겠다'고 생각하는 분도 있을지 모릅니다. 이제부터는 구체적인 방법을 차근차근 소개해 보겠습니다.

제 3 장

방을 채우기 전에 마음부터 채운다

조절할 수 있는 것에 집중하기

순간의 충동에
흔들리지 않는 법

돈을 행복하게 쓰고 싶다면 먼저 집중하는 법을 배워야 합니다. 집중하는 법을 알면 충동적으로 돈을 쓰는 것을 방지할 수 있습니다. 그렇다면 집중 능력은 어떻게 기를 수 있을까요? '명상'을 통해 배울 수 있습니다.

불도의 기본 수행도 명상입니다. 그렇다면 명상이란 무엇일까요? 그 첫 번째 단계는 '집중' 훈련이고, 두 번째 단계는 집중을 바탕으로 한 '자기 관찰' 훈련입니다. 처음에는 가장 집중하기 쉬운 호흡에 의식을 집중시키는 방

법을 많이 사용합니다. 집중에 의한 정신 통일이 바로 불
도 수행의 첫걸음이며, 이것은 곧 집중한 상태 속에 행복
이 있다는 것을 보여 줍니다.

몰입했던 기억을
떠올려 본다

우리가 일상에서 대화를 나누는 와중에도 서로의 집중
력은 높아지거나 낮아지며 변화를 거듭합니다. 때때로
서로에게 깊게 몰입하면 의식하지 않아도 탁구공이 오가
듯 자연스럽게 대화가 이어집니다.

'내가 한 말을 어떻게 생각하고 있을까?'
'그래서 내 가치가 올라갔을까? 내려갔을까?'
'이러한 말을 하는 나는 멋져.'

이렇게 상대의 말이나 자신의 말을 의식하지 않고, 그

저 대화 그 자체에 몰입하는 체험은 누구나 한 번쯤 해 보았을 것입니다. 그때 느낀 행복은 굳이 말하지 않아도 모두 알고 있겠죠.

뒤집어 생각하면 보통의 정보 처리 과정에서는 서로 이야기하고 있는 것처럼 보여도 그 이면에서는 '내 가치가 올랐을까? 내려갔을까?'처럼 시시한 자극에 놀아나게 된다는 것입니다. 그러면서 '이렇게 말을 잘하는 나는 멋져. 나는 인정받고 있어!'라고 생각하며 기분이 좋다고 착각하고 있을 뿐이죠. 그 증거로, 만약 상대방이 내 말에 공감하지 못해서 대화가 어긋나기 시작하면 이번에는 인정받지 못했다는 비참함을 느끼게 됩니다.

이 사실을 우리는 무의식적으로 알고 있습니다. 그래서 겉으로는 즐겁게 이야기하는 것처럼 보여도, 무의식 깊은 곳에서는 괴로움을 느낍니다.

다른 사람과 대화하는 그 순간에는 즐거움을 느끼지만 나중에는 지쳐서 축 늘어져 버린다면 그것은 서로의 대화 그 자체에 집중하지 못하고 자아의 자극에만 시달렸다는 증거입니다. 집중을 해서 얻는 행복은 일을 할 때도 종종 체험할 수 있습니다.

예를 들어, 단순히 타이핑만 하는 작업이라도 완전히 몰두해서 그 손의 움직임에 집중했던 순간을 떠올려 보세요. '이러한 일 따위는 내가 할 일이 아니야', '이 일이 끝나면 뭐하지' 같은 생각을 모두 멈추고, 그저 해야 할 일에 몰두하고 있을 때를 떠올려 보는 것입니다. 키보드를 두드리는 손끝의 감촉이나 타이핑하는 글자를 따라가는 눈의 움직임에 집중하다 보면 시간이 가는 줄도 모르게 되죠. 청소는 어떤가요? 시작하기 전에는 귀찮지만, 막상 시작해서 몸의 단순한 동작에 집중하면 점점 즐겁고 멈추기 어려워지기도 합니다.

자극이 일어나는 위치에 집중할 것

방금 언급한 단순 작업이라는 것은 어디까지나 집중하

기 쉬운 일에 불과합니다. 말하자면 언뜻 집중력이 생긴 것처럼 보이지만, 사실은 집중하기 쉬운 상태일 뿐이죠. 정말로 중요한 것은 좀 더 평범하고 자극이 약한 대상에도 집중할 수 있는 능력을 기르는 것입니다.

불교에서 처음 명상을 시작할 때 호흡에 집중하는 것도 기초적인 집중력을 익히기 위한 임시 방편일뿐입니다. 최종적으로는 모든 감각에 집중할 수 있도록 훈련해 나갑니다.

예를 들어, 보기, 듣기, 냄새 맡기, 맛보기에 집중해 봅니다. 그리고 몸의 감각, 이를테면 춥다, 덥다, 아프다, 가렵다 등에도 집중합니다.

가렵다는 것도 사실은 '통증'의 하나입니다. 그것이 왜 '가려움'으로 인식되는가 하면, 머릿속에서 '이건 아주 약한 통증이니까 가려움으로 인식하자'고 정보 처리가 이루어지기 때문입니다. 그리고 그 처리 결과에 따라 마음이 반응해서 '아, 가려운 건 너무 불쾌해. 없애 버리자' 하고 전기 충격이 가해지면 제멋대로 손이 움직여서 북북 긁게 되는 것이죠.

이렇게 '가려움'이라는 미세한 자극(10점만큼의 고통)이 생겼을 때 우리는 본능적으로 더 강한 자극(30점만큼의 고통)을 가하게 됩니다. 그렇게 해서 '아, 시원하다. 이제 더 이상 가렵지 않아'라는 환상이 일어나죠. 이 구조를 이해하면 '모기에게 30군데나 물렸어. 가려워서 미칠 것 같아!' 하며 소란을 피우지 않아도 됩니다.

즉 중요한 것은 최초의 정보 처리인 충동을 억제하는 것입니다. 이를 위해서는 그 가려운 감각에 의식을 집중하면 됩니다. 가려운 부위에 의식을 단숨에 가져가면 되죠. 일반적으로 '가렵다'는 '불쾌하다'고 생각하기 쉬운데, 실제로 가려운 부위에 집중해 보면 '가렵다'는 인식과 '불쾌하다고 느껴라'라는 명령 사이에는 아주 짧은 시간차가 있다는 것을 알 수 있습니다. 이 명령이야말로 '사고', 즉 머리에서 일어나는 작용이기 때문에 그것을 멈추면 되는 겁니다. 다시 말해서 생각을 멈추는 것입니다.

그렇다면 생각은 어떻게 멈출 수 있을까요? 방법은 간단합니다. 자극 자체에 의식을 집중하면 됩니다. 그러면 자연스럽게 생각이 멈춥니다.

"아무리 뜨거운 불 속에서도 마음을 완전히 다스리면 시원하게 느껴진다."

다케다 신겐의 스승이었던 카이센 쇼키라는 선승이 오다 노부나가의 군대가 절을 불태우러 쳐들어왔을 때 남긴 유명한 말입니다. 요즘 사람들은 이 말을 '당연히 마음을 비우면 불도 시원하게 느껴지겠지'라며 불교를 조롱하는 데 쓰기도 하지만, 마음을 완전히 다스리면 심지어 불에 타는 상황에서도 마음이 괴롭지 않을 수 있다는 말은 진실입니다.

참고로, 전체 문장은 다음과 같습니다.

"안선(安禪)은 반드시 산수(山水)를 요하지 않는다. 심두멸각하면 화도 또한 서늘하다."

편안한 수행(명상)은 반드시 산이나 강처럼 쾌적한 환경에서만 가능한 것은 아니다. 마음의 데이터 처리를 멈추면 아무리 뜨거운 불 속에서 명상을 하더라도 고통스럽지 않다는 말입니다.

즉 들어오는 정보에 궁극적으로 집중하면 궁극까지 가지 않더라도, 30퍼센트만 집중하면 그만큼 정보 처리도 멈추기 때문에 신경 쓰지 않아도 됩니다. 그렇게 해서 마음을 비웠을 때 비로소 자유가 생겨납니다. 긁고 싶으면 긁을 수도 있겠지만 저절로 손이 움직이는 것이 아니라 의식적으로 어느 정도 긁을지를 판단해서 긁을 수 있게 됩니다.

몸의 감각에
집중할 것

다시 '자극에 집중하기'에 대해 이야기해 보자면 집중할 대상은 처음에는 '호흡'이고, 그 다음은 오감, 즉 '시각', '청각', '후각', '미각', '촉각'입니다.

예를 들어, 지각할 것 같을 때 느껴지는 긴장감이나 원래는 사고 싶지 않았던 물건을 억지로 사야 하는 상황에서 느끼는 두근거림도 모두 '몸의 삼각'입니다. 이러한 감각이 발생하는 바로 그 순간, 그 자극에 집중하면 자동으로 전기 충격이 가해지고 휘둘리지 않을 수 있습니다.

똑바로 보고
똑바로 듣는 것부터 시작하자

일상생활에서 자주 접하는 자극은 '시각', '청각' 등 신체 감각으로부터 들어오는 것들이 많습니다. 그래서 이 감각들에 의식적으로 집중하면 마음이 제멋대로 움직이기 시작하는 것을 멈출 수 있습니다.

예를 들어, 우리는 상대방의 표정에 휘둘리고, 목소리 톤에 영향을 받습니다. 그래서 '인정받은 건가?', '무시당한 건가?' 하며 분위기를 살핍니다.

겉보기에는 상대방을 잘 관찰해서 그의 마음을 알아챘다고 느낄 수도 있지만, 실상은 그 반대입니다. 오히려 멍하니 보고 듣고 있기 때문에 그렇게 되는 것입니다. 아무 생각 없이 보고 듣기 때문에 자동으로 마음속 정보 처리 시스템이 작동하기 시작하죠. 내면의 열등감이나 분노 같은 감정이 자극되어 고통이 발생하는 것입니다.

이것은 우리가 생각하고 있다기보다도 생각하도록 조종당하고 있는 상태라고 할 수 있습니다. 따라서 여기서 중요한 것은 오감을 통해 들어오는 정보를 '마음의 자동 정보 처리 시스템'에 태우지 않는 것입니다. 즉 정보가 자동적으로 인식되는 상태에서 벗어나 의식적으로 똑바로 보고, 똑바로 듣는 상태로 전환하는 것이 핵심입니다.

그리 어려운 일은 아닙니다. 예를 들어, 어떤 가게에 들어가서 원하지도 않는 물건을 강매당하는 상황을 피하고 싶다면 집중해서 점원의 표정을 관찰해 보는 것이죠.

'아, 억지로 웃고 있구나.'
'말할 때 입이 엄청나게 빠르게 움직이는구나.'
'저 사람이 긴장했다면 얼굴에 주름이 생길 거야.'

이러한 식으로 평소라면 흘려버릴 정보들을 포착하듯이 의식을 집중하면 그만큼 잡념이 줄어듭니다. 사고하는 것과 집중하는 것은 양립할 수 없기 때문이죠. 게다가 집중을 하면 잡념이 줄어들 뿐만 아니라 적확한 판단을 내릴 수 있게 됩니다.

또한 상대의 호흡이 불안정한지 혹은 안정적인지 그리고 목소리 톤이 더 높아졌는지 혹은 낮아졌는지 등의 정보까지 포착하려는 마음가짐으로 보거나 들으면 더 쉽게 집중할 수 있습니다. 그리고 결과적으로 유용한 데이터를 훨씬 많이 모을 수 있죠.

행복은 경제력이 아니라 집중력에서 차이가 난다

앞서 단순 작업은 집중하기 쉽지만 영업처럼 커뮤니케이션 중심의 일은 집중하기 어렵다고 말씀드렸습니다. 하지만 이는 결코 집중이 '불가능하다'는 것이 아니라 보다 높은 수준의 집중력이 요구된다는 말입니다.

실제로 해 보면 금방 이해할 수 있는데, 의식적으로 '집중하자', '잘 들어 보자', '잘 관찰하자'고 마음먹지 않는 한 금세 멍해져 사고의 세계로 도망치게 됩니다. 마음이라는 것은 잡념을 점점 더 늘리고, 욕망과 분노를 강화시키도록 프로그램되어 있기 때문입니다.

실제로 아무리 집중하려 해도 1초 중 0.8초 정도는 다른 생각을 하기 마련입니다. 그 순간들이 너무 짧아서 스스로 인식하지 못할 뿐이지 집중하고 있다고 착각하는 경우가 대부분입니다.

무언가에 열심히 집중해서 몰입했을 때 '와, 기분 좋다'고 느꼈다 해도 실제로 집중한 시간은 1초 중 불과 0.2초에서 0.3초 정도에 불과합니다. 하지만 그 정도의 집중만으로도 충분히 행복을 맛볼 수 있습니다. 뒤집어 말하자면 평소에는 그 정도도 집중하지 못한다는 뜻이니 행복하지 않은 것도 어찌 보면 당연합니다.

이렇게 생각하면 행복해지기 위해 '무언가를 사는 것'이 얼마나 쓸모없는 행동인지 알 수 있을 것입니다. 무엇을 먹든, 무엇을 소유하든, 어떤 집에 살든 그것들이 잘 정리되어 있고, 마음을 집중해서 사용한디면 그것만으로도 마음은 행복해질 수 있기 때문입니다.

주변과 마음부터
가볍게 만든다

우리가 돈으로부터 자유로워지기에 앞서 가장 먼저 해야 할 일은 바로 물건을 줄이는 것입니다. 애초에 물건을 소유하지 않으면 되는 일이지만, 대부분의 사람은 이미 많은 물건을 가지고 있습니다. 따라서 물건을 줄인다는 말은 일단 지금 가지고 있는 물건을 손에서 놓는 것, 즉 버리는 것을 말합니다. 지금부터는 물건을 버리는 법에 대해 이야기해 보려 합니다.

모으는 것만으로도
마음에 잡음이 인다

특히 쓰지 않는 물건을 정리해야 합니다. 물건이 늘어나면 그만큼 마음 한편에서 언제나 그 물건에 대해 생각하고 기억의 메모리를 소모하려 하기 때문이죠. 가지고는 있지만 사용하지 않는 물건의 경우에는 불필요한 메모리를 쓰는 꼴이기 때문에 더 문제가 됩니다. 사고는 불필요한 데 메모리를 쓰는 만큼 마치 안개가 낀 것처럼 불분명해져 버립니다.

돌이켜 보면 저는 오래전부터 옷뿐만 아니라 그냥 물건을 모으는 걸 좋아했습니다. 어릴 적에 유행했던 캐릭터의 지우개나 스티커를 사 모았고, 중학생이 되고 나서는 친구를 늘리는 데 혈안이었습니다. 하지만 당연하게도 그 마음으로 친구를 늘리려고 해 봐야 잘될 리 없으니 금세 좌절했죠. 그 후 어느 시기부터는 이성 친구를 늘리려고 애썼고, 그 욕구가 옷을 사 모으는 것으로 이어진 것 같습니다.

'이걸 이렇게 많이 모은 나는 가치 있는 존재야.'

이러한 환상에 사로잡혀 나약한 제 자신을 지탱하려
했던 것입니다.

다행히 저는 그때 '모으기'에서 손을 뗐지만, 사실 여기
서 고백할 게 하나 있습니다. 당시 가지고 있던 옷은 모
두 정리해서 고향집으로 보냈을 뿐 아직 버리진 않았습
니다. 아마 5년 전쯤 보낸 걸로 기억합니다. 그 당시에는
차마 버릴 수 없었습니다. 지금은 시간이 없어서 못 버리
고 있지만, 이유가 어떻든 그 옷들을 가지고 있다는 것 자
체가 사고를 방해하는 잡음으로 존재한다는 점은 인정하
지 않을 수 없습니다.

지금 방 안에 없다는 것만으로도 꽤 큰 차이가 있겠지
만, 여전히 소유하고 있다는 점은 늘 기억하고 있습니다.
그리고 그것은 잡음이 되어 또 저를 방해합니다.

소유는 행복의 원천이 아니라
불행의 원천이다

여기서 '물건을 소유한다는 것'이 어떤 것인지 잠시 생각해 봅시다. 우리는 모두 자신이 가지고 있는 물건을 기억하고 있습니다. 이를테면 내게는 이 옷이 있고, 이 가방이 있고, 이 컴퓨터가 있고, 이 안경이 있고, 이 노트가 있고, 이 비디오가 있고, 이 TV가 있고, 이 CD가 있고, 이 책이 있고, 이만큼의 돈이 있고… 처럼 말이죠.

일상 속에서 의식하지 않는다고 완전히 잊고 있는 것은 아닙니다. 자신이 가진 물건을 보면 '아, 이건 내 거다' 하고 곧바로 알아차릴 수 있죠. 역시나 제대로 기억하고 있는 것입니다.

그러다가 어느 순간 자신이 가지고 있다고 생각한 물건이 보이지 않으면 야단을 부리게 됩니다.

'아아, 어디 갔지?'

'내가 잃어버렸나?'

'어디 두고 왔나?'

'누가 훔쳐 갔나?'

사라진 이유가 무엇이건 스트레스가 쌓이고 맙니다. 그리고 대개는 내가 아닌 남을 의심합니다. 그렇게 마음에 고통이 일어나고 쌓여 불행한 것입니다.

물건이 없어지면 다시 사야 하는데 그럴 형편이 못 되는 절박한 상태에 놓인 사람이라면 그 물건이 사라졌음을 한탄하는 것도 어떤 의미에서는 당연한 일입니다. 하지만 대부분은 없어도 크게 곤란하지 않은 물건 때문에 호들갑을 떠는 경우가 많죠.

예를 들어, 수년간 입지 않은 옷이 없어졌다는 걸 문득 깨달았다고 합시다. 보통은 돈이 많으면 옷이 한두 벌 없어져도 대수롭게 여기지 않겠죠. 심지어 몇 년씩 입지 않은 옷이라면 더 그럴 것입니다. 이것이야말로 돈을 가지고 있다는 '행복'입니다. 그러한 의미에서는 마음만 어느 정도 잘 다스릴 수 있다면 아무래도 돈이 많은 사람이 더 행복해지기 쉽습니다. 돈이 많으면 미래를 걱정할 필요도 없고, '또 사면 되지' 하는 소유욕에 사로잡힐 일도 없을 테니까요.

그런데 현실은 다릅니다. 돈이 많은 사람도 자신의 물건이라고 생각했던 게 하나라도 없어지면 난리가 납니다. 누군가를 의심하거나 스스로를 원망하고, 딱히 그게 없다고 해서 인생에 큰 문제가 생기는 것도 아닌데 머릿속에서는 점점 더 문제를 키워 나갑니다.

다소 부조리하다는 생각이 들기도 합니다. 애초에 우리가 물건을 소유하는 이유는 행복해지고 싶기 때입니다. 무언가가 가지고 싶고, 그것만 있으면 행복해질 수 있을 것 같아서 결국 손에 넣었을 것입니다. 그런데 입지도 않는 옷이 없어졌다는 이유만으로 금세 불행한 기분이 듭니다. 그건 결국 행복의 원천이라고 생각했던 '소유'기 시실은 '불행'의 원천이 되어 버렸다는 말이 됩니다. 정말이지 앞뒤가 맞지 않는 이야기죠.

물건으로 가득 찬
마음과 방을 정리하라

우리는 어째서 물건을 잃기만 해도 우리는 그렇게 괴로운 감정을 느끼는 걸까요? 그 이유는 우리가 무엇을 가지고 있는지를 마치 바위를 깎아 새긴 것처럼 선명하게 기억하고 있기 때문입니다. 그리고 그 기억에 기대 '나'라는 이미지를 만들어 내고 있기 때문입니다.

즉 다음과 같은 형태로 스스로의 정체성을 만들고 있다는 것입니다.

'나는 이것도 가지고 있고, 저것도 가지고 있고, 이것저 것 다 가진 사람이다. 나는 이것들을 가진 존재다.'

그래서 무언가를 잃는다는 것은 곧 나의 정체성의 일 부가 손상되는 일인 것입니다. 게다가 다른 사람에게 그 것을 도둑맞는다는 것은 곧 나의 영역을 침범당하는 일 이기 때문에 그 고통이 매우 강렬한 것이죠. 자신이 가진 물건을 스스로 망가뜨렸다 해도 다를 바가 없습니다. 애 착이 강한 물건이 망가지면 마치 자기 자신이 손상된 듯 한 충격을 받아 고통이 조금씩 쌓입니다. 이 손상의 크기 는 그 물건에 얼마만큼 강하게 집착했느냐에 따라 달라 집니다.

소유하는 것만으로도
마음이 어지러워진다

그렇다면 물건을 잃어버리거나 망가뜨리지 않으면 손

상을 입지 않을까요? 그렇지는 않습니다. 단지 물건을 소유하는 것만으로도 우리의 마음은 큰 부담을 느낍니다. 우리의 마음속에서는 다양한 생각이 끊임없이 표면 위로 떠올랐다가 가라앉기를 반복하죠. 일, 연인, 가족, 눈앞에 있는 책에 대한 생각 등 대부분의 생각은 0.000001초보다 짧은 시간 동안 순식간에 바뀝니다. 스스로 알아채지 못할 뿐이지, 그 찰나에 마음은 우리가 의식하지 못할 정도로 많은 것들을 생각하고 처리합니다.

이때 집착이 강한 대상에 대해서는 의식이 더 오랫동안 반복해서 머물고, 그만큼 우리에게 더 강한 영향을 미칩니다.

예를 들어, 일을 하다가 문득 '나는 저걸 가지고 있어'라는 생각이 잠깐 마음의 데이터 처리 과정에 섞여 들어오기 시작하죠. 그러면 일에 집중하던 1초 가운데 0.01초 정도는 그 생각에 마음을 뺏깁니다. 다시 말해서 100초 중 1초, 1,000초 중 10초, 1만 초 중 100초를 빼앗기는 것이죠. 우리는 여러 물건에 집착하고 있기 때문에 그 모든 시간을 합하면 결과적으로 꽤 많은 시간을 내가 가진 것을 떠올리는 데 쓰고 있는 셈입니다.

무언가를 수집하는 데 푹 빠져 있는 사람은 평소에도 그 수집품의 개수를 어떻게 하면 더 늘릴 수 있을까 생각하기 때문에 일을 하다가도 '이 일을 해서 돈을 벌면 그걸 몇 개 더 살 수 있을까' 하며 늘 생각이 그쪽으로만 흐르게 됩니다. 0.1초 동안 잠깐 생각하는 정도가 아니라 1초 가운데 0.5초 정도는 그 생각에 잠겨 있을지도 모릅니다. 그러면 결국 10초 중 5초, 1년 중 6개월, 10년 중 5년을 몽땅 빼앗기고 순식간에 인생이 끝나 버릴 수도 있죠.

주식 투자나 선물 거래를 하는 사람을 예로 들면 더 쉽게 이해할 수 있습니다. 대부분 자신이 가진 종목과 매수 당시의 주가, 현재의 주가가 늘 머릿속에서 떠나질 않을 것입니다. 영화에 한창 몰두해 있을 때는 잠시 잊을지도 모르지만, 영화 속에서 주식 이야기가 나오면 곧바로 떠오를 것입니다. 정도가 심해지면 영화를 보든 누구와 이

야기를 하든 '지금 주가가 얼마일까?' 하는 생각밖에 들지
않습니다.

서랍 속에 쌓아 두기보다
기억 속에 남겨 두자

이쯤 되면 오히려 알아채기 쉬워 다행일 수도 있지만,
보통은 자신조차 깨닫지 못하는 수준으로 물건에 마음을
뺏기고, 그로 인해 우리의 분명하고 확실한 사고가 방해
를 받습니다.

즉 'A를 하고 싶다'고 생각했을 때 마음이 'B를 가지고
있다'는 이야기로 도망치기 때문에 점점 자신의 뜻대로
살아갈 수 없게 된다는 것입니다. 이것이 바로 물건을 소
유한다는 것의 가장 큰 불행입니다.

가지고 있는 물건의 수가 늘어날수록 'B도 가지고 있
다', 'C도 가지고 있다', 'D도 가지고 있다'처럼 사고 속에
잡음이 늘어납니다. 메모리가 쓸데없이 소비되어 결과적

으로 안개가 낀 듯 사고가 흐릿해져 버리는 것이죠.

실제로 물건이 넘쳐 나고 어질러진 방 안에서 명확한 사고를 전개하는 모습을 떠올리기 어렵다는 것은 누구나 직관적으로 알 수 있을 것입니다. 물건이 가득한 방에 있으면 누구나 불쾌한 기분이 드는 법입니다. 그것은 모든 사람의 직감이 '무언가를 소유한다는 것은 고된 일이다'라는 사실을 알려 주고 있기 때문이 아닐까요?

그렇다면 물건을 장 안에 넣어 버리거나 정리정돈하는 법을 익혀서 깔끔하게 정돈하면 해결될까요? 물론 그렇게 하면 소유물이 나에게 부담을 주고 있다는 사실이 눈에 잘 보이지 않기는 합니다. 하지만 마음의 기억 저장고에 꼭 넣어 두어야 하는 것들이 있다는 점에는 변함이 없습니다.

오히려 제게는 일반적으로 줄이는 기술이나 버리는 기술, 정리정돈 기술에 대한 책이 정기적으로 잘 팔린다는 사실 자체가 모든 사람이 어렴풋이 느끼고 있는, 소유한다는 것의 고통을 나타내는 증거처럼 보입니다.

　모두가 소유의 고통을 느끼지만 물건을 버리거나 소유하지 않는 삶으로는 쉽게 나아가지 못합니다. 그렇기 때문에 그 이전 단계로서 정리정돈을 하고 싶다는 마음이 자연스럽게 생겨나는 게 아닐까요?

버리면 버릴수록
마음이 개운해진다

지금까지 살펴보았듯이 물건을 많이 소유한다는 것이 사실 스트레스의 가장 큰 주범입니다. 우리는 이 사실을 잠재적으로 알고 있습니다. 그래서 적어도 정리정돈은 해야겠다고 생각합니다. 그럼에도 방 안과 수납장 안은 여전히 엉망진창입니다. 왜 그러는 걸까요? 정리도 못 하고 물건을 버리지도 못하는 이유는 결국 그 수많은 물건이 자신을 지탱해 주고 있다고 믿고 있기 때문입니다. 사실상 지탱해 주기는커녕 머릿속에 잡음만 일으킬 뿐인데 그 사실은 보지 못하는 것입니다.

못 버리고 찝찝해하는 것보다
아깝더라도 버리는 게 낫다

냉장고 안을 한번 들여다보세요. 필요하지도 않은 마른 식재료, 초밥을 살 때 따라온 작은 간장이나 고추냉이처럼 사용하지도 않으면서 어쩐지 버리기는 아까워 쌓아둔 조미료가 잔뜩 있지 않나요? 몇몇은 이미 유통기한이 지났을지도 모릅니다.

수납장 안을 열어 봐도 마찬가지일 겁니다. 사실은 필요 없을지도 모르는 물건들, 전혀 사용하지 않는 것들이 잔뜩 나올 겁니다. 더 이상 입지 않으면서 언젠가는 입을 일이 생길지도 모르고 누군가에게 줄 수도 있지 않을까 싶어서 버리지 못하고 있는 오래된 옷, 낡은 잡지, 더 이상 재생되지 않는 비디오 테이프, 어릴 적에 썼던 붓글씨 도구와 조각칼 세트 등등.

이사를 갈 때나 '좋아, 이번에는 과감히 버리자' 하고 마음 먹을지 모릅니다. 하지만 막상 그 순간이 오면 물건을 하나하나 들여다보며 '이건 어떻게 하지?', '이건 나중에 혹시라도 쓸 일이 생길지도 몰라' 하며 고민 끝에 결국 대부분의 물건을 새 집으로 들고 가기도 합니다.

이때 우리가 물건을 버리지 못하는 가장 큰 이유는 바로 '아깝다'는 감정 때문입니다. 일반적으로 아깝다고 느끼는 것은 좋은 일이고 미덕으로까지 여겨집니다. 그런데 이 아까우니까 버리지 않는다는 생각은 '나는 물건을 소중히 여기는 훌륭한 사람'이라는 착각을 불러일으켜 문제를 만듭니다.

사실은 버려야 마음이 훨씬 개운해지지만, 마음속의 잡음을 일으키기만 하는 쓸모없는 것들을 아깝다는 이유로 간직하며 스스로를 속이는 것이죠.

그렇게 점점 물건이 늘어나면 어떤 일이 벌어질까요? 그것들이 눈에 들어올 때면 그 쓸모없는 물건을 가지고 있는 자신, 버리려 했지만 결국 버리지 못한 자신을 떠올리게 되어 불쾌한 기분이 듭니다. 하지만 역시 또 버리지 못합니다. 그래서 보이지만 않으면 된다는 생각으로 수납장 더 깊은 곳으로 밀어 넣어 버립니다.

그렇다고 그것을 마음속에서 지워 버릴 수 있느냐 하면 그렇지 않습니다. 오히려 마음속 어두운 곳에서는 더 강렬하게 기억하게 되고, 계속해서 '아직도 그거 가지고 있어. 어떡하지? 그런데 못 버리겠어. 아아, 의식하고 싶지 않으니까 잊고 싶어' 같은 생각이 마음속에 더 강하게 각인되고 맙니다.

그 무의식적인 강한 고통과 아까운 걸 버렸다는 감정에서 오는 고통 가운데 어떤 것이 자신에게 더 큰 손상을 입히는지 비교해 보는 것이 좋습니다.

그럼에도 여전히 '아깝다 병'에서 벗어나지 못하겠다면 애초에 '아깝다'라는 것은 도대체 어떤 것인지 한번 냉정하게 생각해 봅시다. 이 '아깝다'는 감정은 컴퓨터나 휴대 전화가 마음에 안 드니까 혹은 질렸으니까 새로 산다거나 조금 망가졌다고 해서 새로 사는 등 계속 새것으로 갈아치우며 사회에 부담을 주는 소비 사이클에 휘말리게 한다는 점에서 문제가 됩니다.

사용하지 않는 물건을 버리는 게 아까운 게 아니라 무분별한 소비 사이클에 지배당하는 것이야말로 환경에 부담을 주는 아까운 생활 방식이 아닐까요? 가지고 있던 물건을 손에서 놓아 버리면 그것을 마음이 기억할 필요도 없어지고, 그만큼 기억의 부담도 줄어듭니다. 사용하지 않는 물건을 버리는 것만으로도 맑고 개운한 마음으로 하루하루를 보낼 수 있고, 그만큼 주변 사람에게 다정하게 대할 수 있을 뿐만 아니라 일도 활기차게 해 나갈 수 있습니다.

그렇게 주변에 좋은 영향을 미치는 사람이 되는 편이 불필요한 물건을 계속 안고 사는 것보다 훨씬 더 이로운 생활 방식이라고 생각합니다.

한 번도 쓴 적 없는 것부터
버려 보자

　현대인들은 보통 물건을 늘릴 줄만 압니다. 줄인다는 경험은 거의 하지 않습니다. 간혹 조금 줄이기는 해도 기본적으로 늘 물건을 가지고 있고, 그 상태가 너무나도 당연한 일이기 때문에 그로 인해 마음속에 아무리 잡음이 생기고 부담이 쌓인다 해도 자각조차 하지 못합니다.

　하지만 실제로 물건을 어느 정도 줄여 보면 그만큼 사고가 맑아지는 것을 몸으로 느낄 수 있습니다. 일을 제대로 해내는 등의 변화를 통해 확실히 물건이 적은 쪽이 더 낫다는 사실을 깨닫습니다. 그러니 일단 뭐든 좋으니 비교적 버리기 쉬운 물건부터 하나씩 줄여 나가 보세요. 그 과정에서 점점 마음이 개운해지는 것을 스스로에게 이해시키는 것입니다.

　예를 들어, 버리기 쉬운 정도가 레벨 1인 물건을 버렸다면 다음에는 레벨 2의 물건을 버려 봅니다. 그러면 처음에는 '이건 못 버리겠어'라고 생각했던 물건도 의외로 쉽게 버리는 경험을 하게 됩니다. 레벨 1인 물건을 버릴 때 '아, 마음이 가벼워졌다'는 상쾌함을 맛본 만큼 물건을 버리는 데 더 적극적으로 마음이 향하기 때문입니다.

그렇다면 가장 먼저 버릴 물건, 즉 일반적으로 가장 버리기 쉬운 물건은 무엇일까요? 그건 바로 전혀 사용하지 않는데도 계속 가지고만 있는 물건입니다. 그 물건들을 한번 점검해 보고, 그중에서 '이건 무조건 버릴 수 있겠다' 싶은 것들을 골라내서 과감하게 버려 보세요.

전혀 사용하지 않는 물건을 계속 가지고 있는 이유는 언젠가는 사용할 날이 올지도 모른다고 생각하기 때문입니다. 물론 10개나 20개 중 한두 개 정도는 언젠가 필요한 날이 올지도 모르죠. 하지만 몇 년에 한 번 그중 하나를 쓸지도 모른다는 이유만으로 20개나 되는 물건을 계속 가지고 있는 것과, 그것들을 모두 처분하고 필요할 때 새로 사거나 빌리는 것 중 어느 쪽이 합리적인 행동일까요?

언젠가 필요할지도 모른다는 이유로 물건을 가지고 있는 것의 리스크는 앞서 여러 번 설명했듯이 마음속의 잡음이 늘어난다는 점입니다. 잡음이 많아진다는 것은 곧 난잡하고 불안정한 정신 상태에 가까워지는 것입니다. 그러한 리스크를 감수하면서까지 10년 뒤에 쓸지, 안 쓸지도 모르는 물건을 10년 동안 계속 간직하는 것은 결코 바람직한 행동이 아닙니다.

일단 처분하고 만에 하나 10년 뒤에 정말 필요한 순간이 오면 그때 새로 사는 것이 우리의 마음 건강을 위해서는 훨씬 더 현명한 태도일 것입니다.

자극이 약한 것을
선택한다

앞에서 다뤘던 행복의 조건을 다시 떠올려 보시기 바랍니다. 우리는 집중이라는 정신 통일을 이루었을 때, 마음이 원하는 대로 움직일 때 그리고 망설임 없이 확신이 있을 때 행복을 느낍니다. 이를 바탕으로 행복해지는 돈 사용법에 대해 생각해 보겠습니다.

우선 지금까지 그래왔듯이 반대의 경우부터 살펴보는 것이 이해하는 데 도움이 될지 모릅니다. 우선 마음을 더 어지럽게 만드는 돈 사용법에 대해 알아보겠습니다.

마음을 어지럽게 만드는
돈 사용법

'현실'보다 더 재미있는 가상의 것, 아주 자극적인 것 그리고 더 강한 자극을 얻기 위해 돈을 쓰면 마음이 어지러워집니다.

그 대표적인 예로, 앞서 언급했던 성 산업에 돈을 쓰는 것, 현대적으로 망상을 부풀린 서비스를 소비하는 것을 들 수 있습니다. 또는 도박이나 마약에 큰돈을 쓰는 것도 자극을 끊임없이 추구하는 사람이 빠지기 쉬운 함정입니다. 그외에 술을 많이 사거나 소설이나 영화, 만화, 게임 등에서 점점 더 자극적인 콘텐츠를 원하는 것 역시 같은 맥락입니다.

피가 튀는 잔혹한 게임에 몰두하면 그 시간 동안은 집중해서 잠시 현실에서 도피하는 데 성공할 수 있을지 모르지만, 안타깝게도 이러한 욕망이나 분노에 기반한 집중은 오래 지속되지 않는 특징이 있습니다.

이는 피로를 유발하기 때문인데요. 도파민이 계속해

서 분비되고 뇌가 일종의 트랜스 상태에 놓여 결국 그만두지 못하고 사망에 이르는 사람도 있다고 합니다. 도파민이라는 것은 가슴을 뛰게 하고 고통을 증가시키면서도 '기분이 좋다'고 착각하게 만드는 일종의 '고통의 물질'입니다. 그래서 그 순간에는 쾌감을 느끼지만 그 대가로 극심한 피로를 남기죠.

불교에서는 '정신을 가라앉히고 집중하는 것'을 '정(定)'이라고 부릅니다. 하지만 도파민에 의해 이루어지는 집중은 '사정(邪定)', 즉 글자 그대로 어그러진, 사악한 집중입니다.

그렇다면 왜, 스스로에게 상처를 입히면서까지 그렇게 강렬한 자극을 원하는 걸까요? 욕망과 분노가 격렬해지면서 보통 수준의 자극으로는 만족할 수 없는 상태, 즉 차분한 자극에는 집중할 수 없는 상태가 되어 가기 때문입니다. 여기서 발하는 '보통'이란 있는 그대로의 현신을 말합니다.

이들은 평범한 연인에게 만족하지 못해서 유흥업소를

찾는다거나 평범한 사람들과의 대화에는 만족하지 못해 자극적인 소설을 읽고 싶어 합니다. 또한 자연의 소리에는 집중할 수 없어서 산속에 들어가서도 헤드폰으로 펑크 록을 듣는 등의 행동을 하죠. 현실 속의 정보들을 일부러 차단하고, 모두 자신의 취향대로 바꾸는 것이 행복이라고 착각하는 것입니다.

그 결과로 현실 속의 상대방 말에 집중하거나, 지금 하고 있는 일에 집중하거나, 눈앞에 놓인 음식에 집중하는 등 본래라면 행복을 가져다줄 '평범한 것에 집중하기'가 불가능해지죠. 참 불행한 일입니다.

여기서 또, 제 부끄러운 과거를 하나 고백해 보겠습니다. 제 스스로도 질릴 만큼 끝도 없이 나오네요. 학창 시절, 마음이 비뚤어져 옷을 마구 사들였던 이야기는 앞서 이미 했습니다. 사실 그때 제가 마구 사들인 것은 옷뿐만이 아니었습니다. 읽기 까다로운 서양 철학서와 만화책도 옷만큼 많이 사 모았습니다.

서양 철학서는 정말로 자극적이었습니다. 읽다 보면 무언가를 깨달은 듯한 착각에 빠져서 '이걸 이해한 나는 정말 대단해'라는 생각이 들기도 했습니다. 하지만 그와 동시에 마음은 엉망이 되고, 머리는 아프고, 어깨는 뻐근해졌습니다. 저자들이 강렬한 자의식을 바탕으로 멋대로 쓴 정보들이 어지럽게 쏟아지며 논리가 전개되었기 때문입니다.

다시 말해 저자의 머릿속에 흐르는 전기 자극을 정당화하기 위해 새로운 데이터를 잔뜩 덧붙인 것이 서양 철학서라면, 그렇게 복잡하게 뒤엉킨 정보를 접하고 스스로를 혼란에 빠뜨린 것이 바로 당시의 저였던 것이죠. 당시 책장에 빽빽하게 꽂혀 있던 서양 철학서 옆에는 선정적이고 거친 도박 만화책과 동화 같은 멜로 만화책도 가득했습니다. 그리고 그걸 읽으며 혼자 도취해 있었죠.

시금은 그때를 띠올리기만 헤도 '정말 마음이 어지러웠구나', '완전히 엉망진창이었구나' 하는 생각이 듭니다.

더 자극이 약한 쪽을 선택하고, 거기에 집중하라

오락이라는 것은 기본적으로 강한 자극을 통해 사람의 마음을 붙잡고, 일시적으로 욕망이나 분노를 불러일으켜 사람을 단기적으로 집중시키는 특징이 있습니다. 그 단기적인 집중 때문에 우리는 기분이 좋다고 느끼죠.

하지만 사실 우리의 마음은 점점 지쳐 갈 뿐입니다. 심지어 오락은 중독성이 매우 강한데요. 더 강한 자극이 주어지지 않으면 욕망이 반응하지 않고, 집중도 할 수 없기 때문이죠. 즉 자극의 수준은 점점 더 강해져야만 하는 것입니다.

그렇다면 이 악순환에서 벗어나기 위해서는 어떻게 해야 할까요? 가장 먼저 할 수 있는 것은 일상 속에서 어떤 선택을 할 때, '자극'이 바로 '반응'으로 이어지는 패턴에서 자유로워질 수 있도록 오히려 자극이 없어 보이는 것을 고르는 것입니다.

이를테면, 무턱대고 마음을 요동치게 해서 '감동'이라

는 자극을 강요하는 책보다는 마음을 가만히 들여다보게 하는 책이나 자신의 일을 더 깊이 이해할 수 있게 하는 책을 고르는 것입니다. 또 영화를 본다면 자극적인 스릴러나 서스펜스보다 마음이 편안해지고 미소 지을 수 있는 영화를 선택합니다. 혹은 청소기와 빗자루 중 어떤 것을 살지 망설여진다면 일부러 빗자루를 사 보는 것입니다. 손을 직접 움직이고 감각을 느끼며 청소하는 쪽이 '집중'의 측면에서는 훨씬 유용하기 때문입니다.

관점을 바꾸면 그동안 당연하다고 생각했던 소비 방식도 꽤 달라질 거라고 생각합니다.

제 4 장

정말 원하는 것만 가지고 산다

행복하게 소비하는 법

'가지고 싶어서'는 돈 쓸 이유가 되지 않는다

행복해지는 돈 사용법의 첫걸음은 욕망 때문에 가지고 싶다고 생각한 것과 정말 필요한 것을 구분하고, 진짜로 필요한 것에 돈을 쓰는 것입니다. 왜냐하면 현대인은 몸과 마음에 진정으로 필요한 것을 뒷전으로 하고, 비현실적으로 자아를 자극하는 것을 우선하는 경향이 있기 때문입니다.

그렇다면 우리에게 정말로 필요한 것은 무엇일까요? 그리고 우리가 원하는 것은 무엇일까요?

필요한 것과
가지고 싶은 것의 차이

배고픈 사람에게 필요한 것은 당연히 음식입니다. 그러나 적어도 현대인에게 음식은 언제든 손에 넣을 수 있는 것이 되었기 때문에 더 이상 간절히 원하는 대상은 아닙니다. 즉 필요하기는 하지만 '가지고 싶다'고 갈망할 때 큰 고통은 따르지 않기 때문에 강한 욕구의 대상이 되지는 않는다는 것이죠.

반대로, 사실은 필요하지도 않은데 희소가치가 높다는 이유 하나만으로 원하는 경우도 있습니다. 이처럼 가지고 싶어도 쉽게 손에 넣을 수 없으면 고통을 느끼고, 욕구는 더 강해집니다.

그렇다면 '필요한 것'과 '가지고 싶은 것'은 어떻게 다를까요? 일반적으로 '필요한 것'은 의식주와 관련된 것 그리고 자신을 회복시키고 유지하기 위해 필요한 것이라고 할 수 있습니다. 자신을 유지하고 살아가려면 누구나 일을 해야 하기 때문에 일에 필요한 도구나 기기, 학습과 관련된 지출 역시 우선순위가 높아집니다.

여기서 문제는 앞으로 점점 더 가난해질 거라는 불안이 퍼지고 있는 상황 속에서 본래라면 줄여야 할 '가지고 싶은 것'을 줄이지 않고, 오히려 '진짜 필요한 것'에 인색해지는 풍조가 만연하다는 점입니다.

예를 들어, 건강한 삶을 위한 기초 중의 기초인 식사조차도 소홀히 합니다.

'3,000원짜리 햄버거로 때우자.'
'컵라면으로 충분해.'

정말로 돈이 없어서 어쩔 수 없는 상황이라면 모르지만, 더 제대로 된 식사를 할 수 있는 여유가 있어도 자극적인 욕망 때문에 원하는 물건을 사거나 자신의 가치를 비현실적으로 끌어올리는 저축을 하느라 식사가 뒷전으로 밀리는 것입니다. 이러한 삶을 택하는 사람은 계속해서 늘어나고 있는 것처럼 보입니다.

옷도 마찬가지입니다. 아무리 질이 안 좋아도 입을 수
만 있으면 된다고 생각하기 때문에 겉옷뿐만 아니라 피
부에 직접 닿는 속옷마저도 지나치게 값싼 것들을 택합
니다.

월급이 120만 원인데
월세로 100만 원을 내는 사람

다만, 주거 환경에 대해서는 어느 정도 돈을 지불하고
있는 것처럼 보입니다. 일종의 자존심 때문에 불평하는
사람이 많습니다.

'욕조도 없는 허름한 빌라에서는 살고 싶지 않아.'

하지만 그렇다고 해서 정말 자신이 살고 싶은 형태, 생
명을 가진 나에게 쾌적한 환경을 조성하기 위해 적극적
으로 돈을 쓰는 것도 아니고, 낡은 빌라와 고급 아파트 중

어느 쪽이 더 몸에 좋은가 하는 관점에서 고르는 것도 아닙니다. 그저 비현실적인 이상을 좇아 집을 고르는 것뿐이죠.

그래서 어떤 사람은 월급의 절반을 월세에 쓰기도 합니다. 심지어 월급이 120만 원인데 월세가 100만 원인 집에 사는 사람도 있습니다. 이건 누가 봐도 이상한 현상입니다. 100만 원짜리 집에는 그에 어울리는 가구나 생활 방식이 존재해야 할 텐데 그 집에서 컵라면을 먹거나 농약을 듬뿍 뿌려 키웠을 법한 조악한 음식을 먹고 있는 셈이니 말이죠.

이게 바로 욕망이라는 것입니다. 어떤 의미에서 집이라는, 생존에 필요한 필수품조차도 자신의 자아를 자극하는 오락처럼 쓰고 있는 것입니다.

저축이나 절약도
사실은 자극에 불과하다

비단 월세뿐 아니라 욕망에 이끌려 자극적인 물건이나 활동에 돈을 쓰고, 건강하게 살기 위해 필요한 것은 정작 가장 뒷전으로 밀어버리는 소비가 계속되면 사회 전체적으로 음주나 도박, 풍속처럼 자극이 강한 것에만 돈이 흘러가고 그 산업이 번성하게 됩니다.

이것은 자극과 욕망 중독 사회를 확대하고 재생산하는 데 일조하는 소비 방식이기 때문에 '좋은 소비를 했다'는 충족감이나 마음의 평온함을 느끼기 어렵습니다.

싸다는 이유만으로
소비하지 말 것

수입산 채소를 그저 저렴하다는 이유만으로 사 버리면 국내 농가, 특히 정성을 가득 담아 환경에 친화적인 방식으로 재배하는 농가의 품질 좋은 채소가 팔리지 않게 될 것입니다.

세상에는 시간과 정성을 들여 사람들에게 꼭 필요한 질 좋은 옷과 음식, 문구류, 가구, 식기, 책 등을 만드는 사람들이 있습니다. 우리가 더 나은 것들을 사기로 마음먹으면 좋은 물건을 만드는 사람들에게 돈이 흘러가고 있음을 느낄 수 있고, 그만큼 마음이 한결 차분해집니다.

가지고 싶은 게 있으니까 싼 걸로 만족하자는 식으로 금전욕 때문에 물욕을 억누르는 궁상맞은 태도에서는 벗어나야 합니다.

자신을 다시 일으켜 세우고 유지한다는 의미에서, 때때로 피곤함을 느낄 때는 휴식을 위해 돈을 쓰고 싶어지기도 합니다. 하지만 그러한 때일수록 우리는 자극적인 오락으로 도망치기 쉬운데, 그렇게 되면 앞서 설명한 '욕망에 대한 세 가지 자세' 중 두 번째 패턴처럼 고통을 늘리는 결과를 낳을 뿐입니다.

예를 들어, 큰돈을 들여 해외여행을 가서 한껏 신이 나면 뇌가 흥분하기 때문에 결국 더 피곤해질 뿐 휴식다운 휴식은 조금도 취할 수 없습니다. 그래서 정말로 휴식을 위해 돈을 쓰고 어딘가로 떠나고 싶다면 몸과 마음을 편히 쉬게 한다는 목적을 잊지 말아야 합니다. 때로는 집이 아닌 다른 공간에서 내가 가진 물건들과 거리를 두고 혼자만의 시간을 보내는 것도 좋습니다. 마음을 다시 들여다보고 회복하는 좋은 기회가 될 수 있죠.

아끼는 것도, 낭비하는 것도 모두 중독이다

꼭 필요한 것에 인색하게 구는 이유 중 하나는 바로 미래에 대한 불안 때문입니다. 미래를 대비해 저축해야겠다는 마음 때문에 정작 필요한 데는 돈을 쓰지 못하죠. 노후를 위해서라고는 하지만 최소한의 삶을 유지하기 위한 지출까지 줄이며 저축을 하는 것은 본말전도가 아닐까요?

돈을 아끼고 모으려는 욕심이 너무 강해지면 정작 필요한 물건을 제대로 사지 못하게 됩니다. 이 또한 '절약'을 한다는 명분으로 돈에 세뇌당한 상태라고 할 수 있습니다. 절약 또한 낭비와 마찬가지로 '고통'이 '쾌락'으로 이어지는 사이클을 만들어 내는 강한 자극인 것입니다.

앞서 말했듯 기본적으로 돈에는 '자신의 가치 표현'이나 '세계 지배' 같은 위력이 숨어 있기 때문에 누구나 쉽게 놓지 못하는 법입니다. 이때 우리의 마음을 쥐고 흔드는 것도 '돈을 이만큼 모은 나는 대단해'라는 자아에 대한 자극이라고 생각해도 좋습니다. 그러한 자극이 반복적으로 입력되어 중독된 결과가 '아끼는 데 집착하는 태도'입니다. 즉 금전욕이 물욕을 이겨서 돈을 모으는 것 자체가 목적이 되는 것입니다.

반대로, 물욕이 너무 강해서 돈을 낭비하는 건 어떨까요? 역시 마찬가지로 강한 자극에 중독된 상태입니다. '가능한 한 손에서 놓고 싶지 않은 돈'이 줄어들어 심장이 두근두근거리고 강렬한 자극이 발생하기 때문에 그 불쾌한 자극을 뇌가 쾌감으로 착각해서 중독되어 버립니다.

이 양극단의 덫에 빠지지 않기 위해서라도 자극에 반사 반응하지 않도록 평정심을 키워 나가야 합니다.

필요한 것과 가지고 싶은 것을 구분하는 법

그렇다면 필요한 것과 욕망에 이끌려 가지고 싶은 것을 구별해 나가야 하는데, 이때 실제로 목록을 적어 내려가 보는 방법을 추천합니다.

노트 정가운데에 세로줄을 하나 긋고, 왼쪽에 '필요한 것'을, 오른쪽에는 '가지고 싶은 것'을 적어 보세요. 가능하다면 우선순위를 매겨 적어 봅시다.

양쪽 모두 의식주나 일과 관련된 항목으로 나눌 수 있을 테니 가로줄도 그어서, 카테고리별로 정리해서 써 보면 좋을 것입니다.

막상 써 보면 알겠지만, '필요한 것'과 '가지고 싶은 것'
은 그때그때 마음의 안정도나 흥분 정도에 따라 바뀌기
때문에 구분하기가 꽤 어렵습니다.

예를 들어, 식기는 분명 필요한 것이지만 수십만 원짜
리 고급 브랜드 식기는 '욕망 리스트'에 들어갑니다. 그렇
다고 모든 식기를 1,000원 숍에서만 산다면 그 역시 '필요
한 것'을 너무 소홀히 하는 일이 됩니다.

즉 '필요 리스트' 내에 있는 것 중에서도 그것을 막상 사
려고 했을 때, '필요한 것'과 '욕망 때문에 원하는 것'을 구
분 지어야 하니 이 작업도 쉽지만은 않습니다.

물론, 가지고 싶은 것을 절대로 사면 안 된다는 뜻은 아
닙니다. 다만, 아직 필요한 것을 다 갖추지도 않았는데
가지고 싶은 것에 돈을 써 버리면 마음이 흐트러지게 된
다는 것이죠.

우선순위를
매겨 보자

'필요한 것'과 '가지고 싶은 것' 사이의 경계는 흐릿합니다. 그래서 우리는 결국 전부 다 필요하다고 착각할지도 모릅니다. 일단 리스트를 써 내려 갔다면 우선순위를 매겨 보는 것이 좋습니다. 분명히 필요한 정도에 차이가 있기 때문입니다. 정말 자신에게 꼭 필요한 순서대로 순위를 매겼는지 보장할 수는 없겠지만, 일단 매겨 보는 것이 중요합니다.

그리고 더 객관적으로 보기 위해 필요도나 욕망의 강도에 따라 1점에서 5점까지 점수를 매겨 보는 방법도 추천합니다.

- 회식에 참여하고 싶다. → 욕망 5
- 작은 강아지를 키우고 싶다. → 욕망 4
- 새 게임기를 사고 싶다. → 욕망 3

• 새 옷을 사고 싶다. → 욕망 2

　또한 그것을 소비하고 싶은 이유를 함께 적어 두면 더 좋습니다.

• 회식에 참여하고 싶다. → 욕망 5
일 때문에 받은 스트레스를 풀고 싶어서.
• 작은 강아지를 키우고 싶다. → 욕망 4
퇴근하고 집에 오면 외로워서.
• '새 옷을 사고 싶다. → 욕망 2
다음 주에 만날 사람에게 잘 보이고 싶어서.'

　소비하고 싶은 이유를 적어 두면 마음이 '뭐야, 이 이유 때문이라면 굳이 안 해도 되잖아' 하고 납득하고, 스스로 욕망을 내려놓을 수 있을 것입니다. 그래도 욕망이 사그라들지 않는다면 솔직하게 욕망을 인정하고 충족시켜 나가도 좋습니다.

이처럼 무언가 가지고 싶은 것이 생겼다면 그때그때 '욕망 리스트'에 기록하고 객관화해야 합니다.

예를 들어, '새 컴퓨터를 사고 싶다 → 욕망 4'라는 항목에 대해 'TV 광고를 보았는데 지금 사용 중인 컴퓨터의 기능이 부족하다는 생각이 들었다'고 적었다고 해 봅시다. 이 과정에서 리스트는 점차 나의 '욕망 일기'가 되어 나라는 사람은 어떤 사람인가를 들여다볼 수 있는 기회가 될 수 있습니다.

나에게 필요한 것을 리스트 업해서 순위를 매기는 것과 함께 현재의 소비 습관에는 문제가 없는지 확인해 보는 것도 좋습니다. 그러면 오락이나 주거에 비해 먹는 데 쓰는 돈이 너무 적다든지 새로운 사실을 발견할 수도 있겠죠.

그렇게 해서 다시 한번 나에게 필요한 것이 무엇인지 다시 검토해 보는 것입니다. 얼마나 뒤죽박죽인지 깨달으면 문제를 해결해야겠다는 생각도 들 것입니다. 그렇

게 돈에 지배당하기만 하던 내 모습을 발견하고, 돈으로

부터 자유로운 소비 방식의 길이 열릴지도 모릅니다.

돈을 수단으로만
사용한다

필요한 것과 원하는 것을 구분했다면 다음으로 할 일은 '필요한 것'에 돈을 쓰는 것입니다. 즉 필요한 것을 채워 나가는 것입니다. 단지 싸다는 이유로 물건을 사서는 안 됩니다. 다소 비싸더라도 오래 쓸 수 있고 품질이 좋은 것을 추구하는 것, 이것이 중요합니다. 정말로 필요한 물건은 그리 많지 않고, 유명 브랜드 제품이 아니라면 좋은 물건을 사더라도 경제적으로 크게 부담될 일은 거의 없죠.

비싸더라도
질 좋은 것을 살 것

그렇다면 '질 좋은 것'을 추구한다는 것은 어떤 의미인지 제 개인적인 소비 사례를 통해 설명해 보겠습니다.

한창 이 책을 쓰던 시기에 절 용도로 구입한 건물의 개장 공사가 진행되었는데, 그때 가장 먼저 손댄 것은 다다미였습니다. 주로 좌선회를 위해 쓰일 공간이었기 때문에 앉았을 때 편안함을 느낄 수 있도록 신중히 골랐습니다. 일본산 등나무를 사용한 수제 다다미는 비싸더라도 오래 쓸 수 있는 것을 기준으로 삼고 두 번째로 비싼 제품을 골랐습니다.

다음은 차양이었습니다. 제가 사는 집이었다면 발을 치는 것으로 충분했겠지만, 명상하러 오는 분들이 쾌적하게 좌선을 할 수 있도록 더 신경을 기울였습니다. 처음에는 맞춤형 창살을 설치하려고 했지만 창 하나당 견적이 약 500만 원이나 했습니다. 건물을 구입하고 남은 돈이 1,000만 원도 되지 않았기 때문에 사실상 불가능해서 목재 블라인드와 발을 조합하기로 했습니다. 그렇게 하니 창 여러 개를 다 설치해도 600만 원도 들지 않았습니다.

벽은 제가 직접 회반죽을 칠했습니다. 재료 자체가 저렴하진 않았기 때문에 벽지를 바르는 것보다 비용이 더 들었지만, 명상 공간으로서는 마음이 차분해지는 자연 소재가 좋겠다 싶었습니다.

다만 장인을 부르면 비용이 많이 들기 때문에 친구의 도움을 받아 제가 직접 칠하기로 했습니다. 매끄럽다고는 할 수 없는, 정치가 느껴지는 결과물이 되었지만 돈에 의지하지 않고 할 수 있는 것은 직접 해냈다는 점에서 충만한 만족감을 얻었습니다.

조명은 백열등을 사용했습니다. 물론 형광등이 수명도 길고 전기 요금도 적게 나오지만, 개인적으로 백열등의 빛을 좋아하고, 무엇보다 명상회에 형광등이 번쩍이는 것은 어울리지 않다고 느꼈기 때문입니다.

돈을 다 써 버려도
만족스럽다면 그만이다

이렇게 건물을 구입하고 인테리어를 마친 다음 실질적으로 제 손에 남은 돈은 수십만 원뿐인 완전 빈털터리 상태가 되었지만, 특별히 문제는 없었습니다. '모두 말끔하게 써 버렸고 좋은 일에 썼다'는 충족감만이 남았습니다. 제 자신을 위한 소비가 아니라 공공의 목적을 위한 소비였기 때문에 자아가 자극받을 일도 없고 마음이 평온했습니다.

이처럼 절을 위한 일에는 아낌없이 돈을 쓰지만, 제 생활은 조금도 달라지지 않습니다. 예전처럼 소지품은 늘리지 않고, 방은 거의 비어 있으며, 필요하면 금액에 상관없이 돈을 씁니다. 바로 거기에 행복한 충족감이 있습니다.

돈이 없을 때는 쩨쩨하게 굴다가 돈이 많아지면 갑자기 사치를 부리고, 다시 돈이 없으면 또다시 쩨쩨해진다면 돈에 휘둘리고 있는 것입니다. 그러면 마음이 지쳐 버립니다. 돈에 놀아나 마음이 쉽게 바뀌면 행복의 조건 중

하나인 '믿음'도 금세 무너져 버리고 맙니다.

'믿음'이 있으면 돈이 있든 없든 담담하게 돈을 쓸 수 있습니다. 즉 돈이 있어도 행복하고, 없어도 행복하며 마음이 돈에서 자유롭다는 사실이 우리 마음에 확고한 기반을 마련해 주는 것입니다.

우리는 내면에 숨어 있는 연약한 자아를 지키기 위해 '돈'이라는 갑옷을 입고 허세를 부리며 스스로를 감싸는 게 아닐까요? 하지만 마음이 바르게 정돈되어 있다면 그러한 갑옷은 불필요하고, 돈은 그저 수단으로 쓸 수 있습니다.

입에 들어가는 것에는
사치를 부릴 것

일상생활에서 돈을 어떻게 써야 하는지 이야기해 보겠습니다. 이번에는 의식주 가운데 '식(食)'입니다.

저는 스스로 선택할 수 있을 때는 유기농 채소를 사서 조리합니다. 반드시 유기농이어야 하냐고 누군가 묻는다면 이것은 일종의 사치에 속한다고도 할 수 있습니다. 다만, 유기농 채소에 돈을 써 보았자 대단한 지출이 발생하는 것은 아니기 때문에 낭비가 되지 않게 약간 비싼 야채나 식재료를 구입하고 있습니다.

제대로 된
식재료를 산다

호박이나 당근, 우엉 등은 유기농 식품점에서 생산자의 이름이 적혀 있고, 흙이 묻어 있는 것을 삽니다. 가격은 일반 마트보다 1.5배에서 2배, 많게는 2.5배 정도 비쌉니다. 예를 들어, 호박은 제철이라도 하나에 1만 원 정도 합니다, 당근은 3개에 3,000원 정도니 일반 당근과 큰 차이는 없습니다.

된장이나 간장도 아마 마트에서 파는 것보다 훨씬 고가의 제품을 이용합니다.

예를 들어, 간장은 500밀리리터에 1만 원에서 1만 5,000원 정도 합니다. 원래 간장이란 최소 1년에서 3년 정도 발효시켜 만드는 발효 식품인데, 현재 마트에서 파는 제품들은 대부분 과학적으로 온도를 조절해서 한두 달 만에 만든 것이라 발효 식품으로서의 효과는 전혀 기대할 수 없는 그저 조미료에 지나지 않습니다. 그래서 전통적인 방식으로 만들어진 것을 찾다 보면 가격이 두세 배, 많게는 대여섯 배 비싸집니다. 된장 역시 마찬가지로 옛 방식대로 시간과 정성을 들여 만든 것은 어쩔 수 없이 가격이 비싸져서 1킬로그램에 1만 4,000원 정도 합니다.

하지만 아무리 비싸다 해도 한 번에 사용하는 양은 300원어치 정도밖에 되지 않아요. 1만 4,000원에서 1만 5,000원짜리 된장을 비싸다고 말하는 사람 중에는 점심 식사에 2만 원 넘게 쓰거나 오락에 돈을 낭비하는 사람도 있으니 '평균보다 비싼가, 싼가'에 휘둘리지 않는 것이 중요합니다.

이렇게 채소, 간장, 된장 그리고 흑당 시럽 같은 조미료와 쌀을 구매하면 저의 한 달 식비는 적을 때는 약 15만 원, 많을 때는 25만 원 정도입니다. 물론 이는 제가 채식을 하기 때문에 가능한 수치이고, 고기나 생선을 먹는다면 훨씬 더 많이 들 것입니다.

여기에서 하나의 옵션을 제안해 봅니다. 만약 혼자 산다면 아마 점심은 외식으로 고기나 생선을 먹을 기회가 많을 테니 집에서 식사를 할 때는 채식을 하는 것도 좋습니다. 사족이지만, 채식을 하면 도마나 조리 기구가 더러워지지 않는다는 장점도 있습니다.

조리 기구나 식기는 평생 쓸 각오로 산다

다음은 식기와 조리 기구인데, 저는 실용성을 가장 중시합니다. 그래서 모양보다는 어떤 소재로 만들어졌는가를 눈여겨봅니다.

철, 알루미늄, 도자기, 유리, 법랑 등 여러 종류가 있는데, 법랑은 보기에 좋고 절임 용기로도 훌륭하지만 물을 담아 열을 가하면 표면의 구리 성분이 녹아 나오는 성질이 있어서 잘 사용하지 않습니다. 알루미늄 제품은 알츠하이머성 치매와 강력한 연결 고리가 있다는 연구 결과가 있어서 이 또한 사용하지 않습니다.

그래서 저는 두꺼운 스테인리스 제품과 독일 주방 기

구 브랜드 실리트(Silit)의 특수 강화 유리 코팅 냄비를 사용합니다. 실리트의 제품은 가격이 비싸지만 적극 추천합니다. 금속 제품은 아무리 스테인리스라고 해도 열을 가하면 소량 녹아나오기 때문에 맛에 영향을 미치지만, 유리는 전혀 문제가 없습니다. 밥을 지을 때는 질냄비를 사용합니다.

식기도 마찬가지로 소재를 보고 고릅니다. 1,000원 숍에서 파는 것들은 해로운 약품이 칠해져 있기도 한데, 사용할 때마다 그 성분이 녹아 나옵니다. 한번은 칠기 느낌의 우레탄 가공 그릇을 사용한 적이 있는데 음식에서 이상한 맛이 났습니다. 젓가락도 마찬가지였습니다.

식기나 냄비는 1,000원짜리부터 수만 원, 경우에 따라 수백만 원짜리까지 존재합니다. 어디까지가 '필요한 것'이고, 어디부터가 '욕망하는 것'인가 하는 경계는 구분하기가 어려울 수 있습니다.

쉽게 구분하는 방법은 나중에 다른 걸로 바꾸고 싶어

지거나 결국 안 쓰게 될 물건인지, 아니면 오랫동안 꾸준히 쓸 각오로 사는 물건인지를 생각해 보는 것입니다. 그러한 의미에서 저는 소재 외에도 디자인이 뛰어난 것을 고릅니다. 실제로 조리 기구나 식기는 오래 사용할 생각으로 구입하고, 잘만 사용하면 평생 쓸 수 있습니다. 그렇게 생각하면 조금 비싸더라도 결코 낭비하는 것은 아니라고 생각합니다.

없어도 되는 것에는
돈을 쓰지 않는다

옷에 관해서라면 저의 이야기는 별로 참고가 되지 않을지도 모릅니다. 어쨌든 저는 승복만 입어도 되기 때문입니다. 하지만 승복도 마음만 먹으면 한 벌에 약 3,000만 원 하는 것도 살 수 있습니다. 실제로 승복 판매점에 가면 '스님들은 돈이 많으니 바가지를 씌워도 되겠지'라고 생각하는지 금사로 수놓은 값비싸고 화려한 것들이 많습니다.

하지만 원래 승복이란 '이끼 같은 옷'이라고 불리듯이

너덜너덜해질 때까지 입는 것으로, 더러워져도 티가 나지 않도록 일부러 검은색을 사용합니다. 그러한 의미에서 사실 비단은 적합하지 않습니다. 본래는 면을 사용했지만 스님들이 귀족화됨에 따라 이제는 비단 승복이 당연해진 것입니다.

그 비단의 질감을 흉내 낸 것이 화학 섬유인데, 통기성도 좋지 않고 정전기도 생기는 데다 피부에 닿는 느낌도 좋지 않습니다. 그래서 저는 실용성을 중시하여 면 100퍼센트로 만들어진 것을 입고, 개수를 늘리지 않습니다. 정말 부득이한 경우에만 비단을 입습니다.

간단한 일처럼 보일지 모르지만, 순면 승복은 생각보다 구하기가 어렵고 비단이나 합성 섬유로 만든 승복이 대부분입니다. 그래서 저는 주로 이용하는 승복 판매점에 주문 제작을 부탁드리고 있습니다. 주문 제작인데도 18만 원 정도밖에 안 받으시니 그저 감사할 따름입니다.

신발은 주로 나막신을 신습니다. 그리고 가방 대신 보자기를 묶어 사용합니다. 덧붙이자면 목욕탕에 갈 때 가지고 가는 손수건이 예닐곱 장 정도 있습니다. 머리카락이 없어서 손수건만으로도 충분히 몸을 닦을 수 있습니다. 또 손수건은 금방 마르기 때문에 타월보다 편리합니다. 공원에 소풍을 갈 때는 주먹밥을 손수건에 싸서 돌돌 말면 핸드백 대용으로도 사용할 수 있습니다.

사실 두 장이면 충분하지만 요즘에는 디자인이 멋진 손수건도 많고, 선물도 많이 받아서 그 숫자가 늘었습니다. 이쯤 되면 손수건은 필요해서라기보다는 다소 기호품의 영역에 들어가는지도 모릅니다.

수입을 넘어서는 지출은
사치에 불과하다

저는 없어도 아무 문제는 없지만 선향(線香)을 매일 피웁니다. 선향은 아주 싼 것부터 비싼 것까지 가격대가 다양합니다. 제가 사용하는 것은 중간 정도 가격의 제품으로, 한 상자에 약 3만 5,000원 정도입니다.

값싼 것은 화학 합성 물질 같은 것으로 만들어졌기 때문에 아무래도 품질이 좋지 않습니다. 백단이나 침향 같은 천연 향료를 배합해 만든 것은 가장 싼 것도 한 상자에 약 1만 5,000원 정도 하고, 가라(伽羅)를 사용한 것은 가격이 천정부지로 뛰어올라 50만원에서 100만 원까지도 합니다. 이쯤 되면 불사(佛事)라기보다는 단순한 사치라고 할 수 있습니다.

이렇게 리스트를 만들고 보니 소비하고 싶다는 생각이 드는 물건은 거의 없다는 것을 알게 되었습니다. 프롤로그에도 적었듯이 이 책을 마지막으로 다듬는 동안 휴대 전화가 고장 나 버렸습니다. 막상 겪어 보니 휴대 전화가 없어도 전혀 문제가 없다는 사실을 깨달았습니다. 그 일을 계기로 휴대 전화는 처분했고, 오래된 숙제를 해결한 듯 개운해졌습니다.

휴대 전화는 현재 젊은 세대의 소비 중 꽤 큰 부분을 차지하고 있는 듯합니다. 하지만 예를 들어, 월수입이 세후

100만 원인 사람이 돈이 없다는 말을 입에 달고 사는 이유는 앞서도 언급했던 주거비나 통신비에 너무 많은 돈을 쓰고 있어서가 아닐까요?

현대인은 모두 외로움이라는 고통을 느끼고, 그 고통을 달래기 위해 휴대 전화에 시간뿐만 아니라 돈을 낭비하고 있습니다. '이 사람들과 연결되어 있는 나는 가치 있는 존재다'라는 자아의 자극을 돈으로 사고 있는 것이죠. 이 역시 자신에게 어디까지가 필요이고, 어디부터가 욕망인지를 자신의 수입과 지출의 균형을 맞춰 가면서 결정해야 한다고 생각합니다.

마지막으로 교통수단입니다. 저는 신주쿠나 기치조지처럼 집에서 한 시간 이내 범위라면 대부분 자전거를 이용합니다. 전차도 가능한 한 타지 않습니다. 왜냐하면 정말 돈을 써야 하는 경우라면 과감히 써도 되지만, 돈을 쓰지 않고도 할 수 있는 일이라면 스스로 해내는 편이 좋다고 생각하기 때문입니다. 그래야 자부심도 생기기 때문에 기본적으로 자전거를 타려 합니다.

　돈의 가장 안 좋은 점은 우리에게 ‘돈이 없으면 나는 아무것도 할 수 없는 존재’라는 사실을 돈을 쓸 때마다 상기시킨다는 점입니다. 또한, 돈이 없으면 스스로 즐거움을 만들 수도 없다고 생각하게 만들기도 합니다. 하지만 즐거움은 돈이 없어도 얼마든지 만들어 낼 수 있습니다. 지방에는 자연이 있고, 도심에는 세금으로 운영되는 훌륭한 공원도 많습니다. 도시락을 싸서 그러한 곳에 가서 친구와 이야기를 나누는 것만으로도 충분히 즐겁습니다. 무엇보다, ‘돈에 지배당하지 않는다’는 감각은 기분을 좋게 만듭니다.

　이 책이 도인처럼 돈을 아예 쓰지 말고 살아가라고 권하는 책이 아니라는 점은 이미 이해하셨을 것입니다. 무언가를 할 때 ‘나는 돈이 없어도 살아갈 수 있다’는 점을 체감할 수 있는 놀이 방식이나 요리법, 이동 방식 등을 평소부터 실천하셨으면 합니다.

돈을 버릴 수 있어야
행복해질 수 있다

행복을 불러오는 궁극적인 돈 사용법에 대해 이야기하 겠습니다. 바로, 타인을 위해 돈을 쓰는 것입니다. 내가 가지고 싶은 것을 아무리 사 모아도 결국 의미가 없다는 걸 깨닫게 되면 돈이 남아서 저절로 쌓입니다. 그러면 타 인을 위한 일이나 공공성이 높은 일에 돈을 쓰는 것이 점 점 쉬워집니다.

일반적으로 우리가 '타인을 위해 돈을 쓴다'고 생각하

는 행동의 대부분은 사실은 단순한 '교환'입니다.

① 일정 금액의 돈으로 물건이나 서비스를 구입한다.
② 그것을 상대방에게 건넨다.
③ 상대방이 돈을 지불해 비슷한 가격의 물건이나 서비스를 구입한다.
④ 그에 상응하는 다른 물건이나 서비스가 나에게 돌아온다.

결과적으로, 마지막에 나에게 돌아온 물건이나 서비스를 처음부터 내 돈으로 사는 것과 다를 바가 없는 소비 활동이 일어나는 것입니다. 물론 내가 직접 사면 내가 원하는 것만 사겠지만, 교환이라면 같은 금액대의 예상 밖의 물건이나 서비스가 돌아올지도 모른다는 재미가 있습니다. 하지만 이 또한 결국은 하나의 소비 방식일 뿐입니다.

이러한 교환과 정반대에 있는 것이 바로 불교에서 말하는 '보시(布施)'입니다. 그런데 이것을 단지 스님이나 절에 지불하는 참배비나 상담료 같은 요금쯤으로 생각하면 아무래도 일반적인 소비와 다를 바가 없어집니다. 앞에서 물건을 줄이는 것에 대해 이야기했는데, 불교에서는 '이것이 내 돈이다', '이것도 내 돈이다' 하며 자아를 강화하기 위해 축적해온 돈을 문자 그대로 버리는 행위를 가장 존귀하게 여겨왔습니다.

교환이 아니라 '버리는 것'이기 때문에 교환 작용으로서 무언가가 마법처럼 되돌아오는 건 전혀 기대할 수 없습니다. 그래서 오히려 상쾌한 것입니다. 현재 자신의 생활을 파괴할 정도로 돈이나 물건을 버리면 곤란하니 가능한 범위 내에서 버려야 하죠. 분명한 것은 버린 만큼 굳은 자아가 풀어지고 마음이 유연해진다는 점입니다.

행복해지는 돈 사용법, 타인에게 선물하기

이때 돈은 실제로 버리는 것이 아니라 '기부'라는 형태로 버립니다. 기부는 행복해지기 위해 돈을 버리는 방법입니다. 하지만 일반 사람들에게는 아무래도 기부보다 친구나 지인, 가족에게 선물을 하는 것이 타인을 위해 돈을 쓰는 가장 익숙한 행위일 것입니다. 앞서 선물은 결국 불행을 만들어내는 교환에 불과하다고 말했지만, 방식에 따라서는 이것도 '돈을 버리는 행복한 방법'이 될 수 있습니다.

선물을 살 때 사람이 불행해지는 구조는, 어떤 물건을 딱 보고 '이게 좋겠다'고 생각한 다음 가격표를 보는 순간부터 시작됩니다. '이건 너무 싸서 사람들이 깔보지 않을까?' 하며 고통을 느끼고, '이건 너무 비싸서 내가 손해 보는 것 같아'라는 생각이 들어도 마찬가지로 고통을 느낍니다. 또, '이건 너무 비싸서 상대방이 부담스러워하지 않을까?'라고 생각할 때도 마찬가지입니다. 마지막 경우는 그나마 상대방의 입장을 배려한다는 점에서 그나마 낫지만 고통을 느낀다는 점에서는 다를 바가 없습니다.

예를 들어, 연인의 집에 갈 때 '사과라도 사서 가야지' 하고 생각하는 것은 자연스러운 감정입니다. 그런데 이때 '잘 보이려고 하는 것처럼 보이면 어떡하지?', '지금까지 내가 받았던 것들에 비해 너무 비싼 건 아닐까?' 같은 생각이 들기 시작하면 처음의 순수한 행복감은 완전히 사라져 버립니다.

선물에 관해 말하자면 돈을 아끼는 것 자체보다 서로의 힘의 균형이 무너질까 두려워하는 마음이 고통을 가져다주는 법입니다. 또한 이성을 유혹하려고 비싼 물건을 사 주는 것은 결국 상대를 돈으로 사려는 모욕적인 행위일 뿐만 아니라 마음 한구석에 '이걸로 상대방을 낚았을 뿐이야'라는 자기 비하를 끌어안게 되기 때문에 권하고 싶지 않습니다.

예전에 제가 교제하던 여성의 생일 선물을 사러 갔을 때의 일입니다. 장난감 피아노를 선물하기로 하고 함께 가게에 갔습니다. 그런데 25만 원짜리 빨간색 피아노와

30만 원짜리 검은색 피아노가 있었습니다. 직감적으로 빨간색 피아노가 그녀와 잘 어울릴 거라 생각했는데, 그녀는 검은색 피아노가 마음에 드는 눈치였습니다.

애초에 그녀를 기쁘게 하기 위한 선물이니 그녀가 마음에 들어 하는 것을 사 주는 것이 목적에 부합했을 것입니다. 그런데도 저는 이런저런 이유를 대면서 결국 빨간색 피아노를 사 주었습니다.

그 순간, 저는 분명히 돈이 아까웠던 것입니다. 10만 원짜리와 30만 원짜리 중에서 고민을 했다면 모르겠지만, 고작 5만 원을 아끼려고 25만 원짜리 피아노를 선물한 것입니다. 그때 제 마음속에 '비싼 걸 탐내다니 천박하네'라는 생각이 있었기 때문입니다. 상대방이 돈을 지불할 때는 망설이고 조심해야 한다는 강한 신념이 저를 그렇게 만든 것입니다. 결국 25만 원이라는 돈을 써서 선물을 했음에도 기분은 찝찝했고, 전혀 행복하지 않았습니다.

그렇다면, 어떻게 해야 선물을 사는 일이 '남을 위해 돈

을 쓰는 행복'을 느낄 수 있는 행동이 될 수 있을까요? 제
가 과거의 쓰라린 경험을 통해 스스로 정해서 실천하고
있는 규칙 중 하나는, 가격에 구애받지 않고 물건을 고르
는 것입니다. 값이 이상할 정도로 비싸지 않다면 제 느낌
을 믿고 물건을 고르는 것입니다. 이 역시 앞서 언급한
'흔들리지 않는 믿음'과 일맥상통합니다.

어떤 물건이 마음에 들었을 때 곧바로 가격을 확인하
는 습관을 버리고, 가격은 최종 결정을 내리기 전에 한 번
확인해 보는 것입니다. 이 방식은 결국 행복을 가져다줄
수 있다고 생각합니다.

물론 제가 고르는 것 중에 비정상적으로 비싼 물건은
거의 없지만, 그럼에도 방심하면 금세 '비싸다' 혹은 '싸다'
처럼 가격에 연연하는 옛 습관이 되살아납니다. 그래서
고민 없이 그냥 사버리는 것입니다. 옛 습관에 휘둘리려
는 제 안의 목소리를 억누르고, 처음으로 가격에 구애받
지 않고 물건을 샀을 때 스스로를 통제했다는 편안한 행
복감이 찾아올 것입니다.

이 방식이 좋은 점은 '얼마짜리를 선물했다'는 의식을 거의 안 하게 된다는 점입니다. 가격이 아니라 '이거 그 사람한테 잘 어울리겠다'고 생각한 물건을 선물했기 때문에 아주 상쾌한 기분을 맛볼 수 있습니다. 즉 선물을 '교환'이 아니라 '버린다'는 행위의 하나라고 생각하는 것입니다. 이것이 바로 우리 모두가 실천할 수 있는, 행복해지는 돈 사용법입니다.

돈과 물건에 휘둘리지 않고 사는 법

덜 갖는 삶에 대하여

인쇄일 2026년 1월 7일
발행일 2026년 1월 14일

지은이 코이케 류노스케
옮긴이 김슬기
펴낸이 유경민 노종한
기획편집 유노북스 이현정 이소연
기획마케팅 1팀 우현권 이상운 **2팀** 최예은 전예원 김민선
디자인 남다희 허정수
기획관리 차은영
펴낸곳 유노콘텐츠그룹 주식회사
법인등록번호 110111-8138128
주소 서울시 마포구 동교로17안길 51, 유노빌딩 3~5층
전화 02-323-7763 **팩스** 02-323-7764 **이메일** info@uknowbooks.com

ISBN 979-11-7183-133-3(03190)

• — 책값은 책 뒤표지에 있습니다.
• — 잘못된 책은 구입한 곳에서 환불 또는 교환하실 수 있습니다.
• — 유노북스, 유노라이프, 유노책주, 향기책방은 유노콘텐츠그룹의 출판 브랜드입니다.